九色鹿

寻找"世界岛"

近代中国中亚认知的生成与流变

袁剑 著

社会科学文献出版社

中亚是中国的"世界岛"（代序）

"中亚"（Central Asia）位于世界最大的连片陆地——欧亚大陆的中心，是地球上距离海洋最远的地方。袁剑为何称其为"世界岛"呢？从地理位置上看，中亚地处世界屋脊的边缘，以纵横的高山、大沙漠、小绿洲和干旱气候为主要景观。古代世界各大文明中心都视之为遥远、偏僻和荒凉之地。这造就了中亚在历史上长期独处一隅的现象，像一个不受关注的小岛。但我们纵观人类数千年喧嚣的历史，中亚也从未缺席，它对世界舞台中心的那些活动一直发挥着虽然悄无声息，却也不可磨灭的影响，至今如此。这种影响很大程度上是由其地理位置决定的。中亚是欧亚大陆东西方经济政治交流必经的桥梁，就像大海中可以周转四方来船的海岛。

这种角色，在古代的丝绸之路时期曾充分显现。如今，中亚又再次展现出这种特色。特别是对于中国的复兴来说是如此。袁剑此书专门讨论中国眼中的中亚，恰逢其时。

作者在全书开头引用了歌德的一句话，强调了我们这个大千世界一切都在变，不会变的只有陆地和海洋。这句话强调的是地理环境对世界各国的巨大影响，至今不可忽视。

早在一百多年前，就有西方学者从地理和历史传统的角度，将世界上的大国分为海洋国与陆地国两类。在公元11世纪海上交通发达以前，不同区域人类的交流主要是通过陆上交通进行的。那是陆地国家的时代。世界的两级，东方的中国与欧洲之间也是靠陆上交流的。在那个时代，中亚扮演了中西之间中介的角色。中亚人善于经商的本性因此得以养成并在那个时代发挥得淋漓尽致，他们也为中西交通做出了不可替代的贡献。

中国作为古代世界最大的陆地国，在18世纪西方工业革命以前，一直是世界上最先进繁荣的国家之一。[1]根据麦迪森教授（Maddison）等人的研究，公元1世纪时，中国的汉朝和统一欧洲的罗马帝国处于同一发展水平，人均收入水平基本一致。罗马帝国虽然强大，但与中国相比，欧洲的统一是短命的。从5世纪罗马帝国灭亡以后直至今天，欧洲再也没有统一过。而东方的中国则在秦朝以后两千多年的大部分时间里是统一的。在一个统一的中国，从公元前3世纪至公元19世纪前期，中国一直是世界上最大的经济体。中国人均收入领先于世界的时间一直持续到15世纪。直到1820年，中国的国内生产总值（GDP）仍占世界份额的32.4%。18世纪英国工业革命以后，欧洲实现了快速增长。以购买力平价计算，欧洲

---

1 林毅夫：《李约瑟之迷、韦伯疑问和中国的奇迹——自宋以来的长期经济发展》，《北京大学学报》2007年第4期。

GDP从1820年占世界比重的26.6%迅速上升到1890年的40.3%，而中国在整个近代史中经济一直停滞，人均GDP在1820~1952年甚至还下降了，同期GDP在世界上所占的比重则从32.4%下滑至5.2%。[1]这种下滑与中国的陆地国特点是有关系的。

按照西方学者陆地与海洋国家的划分法，陆地国的特点是封闭的、保守的、内向的、以农业立国而安土重迁的。海洋国则相反，倾向于外向发展、有冒险和开放的精神，重视商业和海外市场。海洋国的典型是英、美两个相继主导世界数百年的国家。二百多年来，海洋一直是由以盎格鲁－撒克逊民族为主的英美两个国家所主导的。英国的主导持续到20世纪前半段，此后是美国主导时期。其间曾有几次大陆国家对这一秩序的反抗，包括法国通过"大陆封锁"对抗英国、苏联对抗美国等，但结果都是反抗者被主导者所主导的秩序包围和压倒，也就是说，海洋国一直主导着世界的秩序。

在历史传统上与美英相比，数千年来，中国确实是内敛的、保守的、重农抑商的。这个传统一直维持到清末。到了1840年，这个内敛的国家被西方的炮舰打开了大门。中国是在海上被攻破的，从那以后中国被迫向世界开放，向西方的海洋国家学习。

中国历史上一贯内敛的传统，从其对中亚的态度可见一斑。在清代以前，中亚曾多次被中国政府控制，但仅被视为中国的藩篱。经营中亚，是为了保蒙古、保新疆。保住蒙古和新疆，才能保住中原腹地。这个思想，在左宗棠给清朝皇帝的奏折中讲得十分明确。汉唐曾远征中亚，控制中亚，但最后都退回来了，没有竭力守卫，认为那是藩篱而已，不值得消耗太多国力。如此对待中亚，还因为中国人自古的哲学思想也是内敛的。在对待邻人，对于远方藩篱性质的国家、土地，

---

[1] Angus Maddison, *Chinese Economic Perforonance in the Long Run*, Paris: OECD, 1998, p.40.

中国的态度一向是招徕远人，宣扬国威，不会竭力去争夺占有。核心目标始终是互相依存，安济天下。如明代郑和所率舰队周巡世界，却没有扩张过一寸土地。进入近代，中国受到西方侵略，开始饱尝科技落后和这种内敛哲学之苦，才认识到世界并不都是如此处理国与国之间的关系。清代末年，面对俄罗斯的东扩，中国丢掉了西域大片国土和中亚属国。到了19世纪中叶，新疆也陷入乱局，伊犁等地陷入俄罗斯之手，其他地区也大多被来自中亚乌兹别克斯坦，受奥斯曼帝国支持的阿古柏之流占领。左宗棠竭尽全力，才收复新疆。从那以后，中国在新疆一直采取守势，对于在中亚丢掉的国土，再无恢复的意图。

冷战结束后，中国经改革开放，经济得到快速发展。到2008年，中美之间的发展态势出现了关键性转折。2008年为什么成为这样一个转折点？需要回过头来说说海洋国家与大陆国家的历史。海洋国最初是依靠工业品和炮舰占领全球市场，主导全球商业，进而主导全球秩序的。1990年，中国工业增加值规模只有美国的12%左右，2000年仍不到美国的30%，然而2010年工业制造规模第一次超过美国，2015年已是美国的1.3倍。美国失去了制造业的优势，虽然感到不快，但他们称霸世界，控制全球市场，获取超额利润的根本能力，即军事和经济的能力并没有失去。他们凭借航空母舰称霸海洋，达到金融资本以及尖端科技的世界性垄断。他们不再依靠工业品去获得利润，而是依靠在全球的投资，用金融资本来控制和获得超额利润。因此，当第三世界的工人们辛苦劳作，用血汗去挣取微薄的工资时，他们生产的那些产品的大部分利润却流入了投资者和技术垄断者之手。金融资本加上所向无敌的航空母舰保驾护航，西方的金融家们何乐而不为呢？他们这样轻而易举地挣得盆满钵满，为什么还要建工厂呢？当然，炮舰加金融资本也有不如意的时候，其中之一就是海洋国在对付内陆国家时，往往力不从心。

中亚是中国的"世界岛"（代序）

十几年前，我与美国一位资深的中亚问题外交官交谈，我向他谈到美军驻扎在吉尔吉斯斯坦的军用飞机可以在十几分钟内就飞到新疆上空，这对中国是个威胁，该外交官告诉我，中国不必担心，因为美国没有能力长期负担如此长的路上运输费用和保卫该运输线安全的费用。现在回想起来，他当时的话是有道理的。美国从阿富汗、伊拉克撤军都是因为难以继续维持其在内陆国家的消耗。海洋国家强大，但并不是在深入大陆腹地时也能够一直强大。美国不断加强海上力量，海洋和沿海陆地是他们的力量所在。金融资本和海上霸权是美国作为唯一超级大国的根基。海洋是广大的，但世界并不仅仅漂浮在海上。陆上大国也有其优势，即在广袤大陆上的优势。他们可以在远离海洋的辽阔大陆上纵横捭阖，或互相沟通，或向四处发展。大陆国家的基础和力量在陆上。科技的发展，使得陆上交通与海运的差距不断缩小。这不断增加着大陆国家的力量。近些年运力快速扩张的中欧班列即其一例。

2008年的金融危机打断了西方大国永远称霸的美梦。资本主义制度固有的经济危机以金融危机的形式爆发，金融危机导致的经济倒退和社会危机使得他们感到已难以无限期地称霸下去。在金融危机中中国的表现和中国经济的崛起使他们看到了中国可能赶超的前景。改革开放之初，中国国内生产总值占世界的份额只有5%，出口额占世界的比重不到1.5%。到2013年，中国国内生产总值占世界的份额已上升到12.3%，出口额所占比重上升到12%。中国成为世界第二大经济体，世界第一大货物贸易国。有数据显示，自2008年全球金融危机以来，中国对世界经济增长的贡献率一直保持在30%左右（2014年为27.8%）。2014年中国国内生产总值已近英国的4倍，是德国的3倍和日本的2倍多。[1]

---

[1] 刘卫东：《"一带一路"战略的科学内涵与科学问题》，《地理科学进展》2015年第5期。

进入21世纪以来，亚太地区在全球范围经济影响力上升，经济总量占世界的比重已超过美国。这意味着"亚洲世纪"的到来。同时，美国与中国在这一地区的影响力消长明显。针对这一形势，美国及其盟国开始将中国视为主要威胁。美国迅速从中东和阿富汗撤兵，制定了重返亚太和亚太再平衡战略，把自己军事力量的一半以上布置到亚太地区，遏制中国的发展。实际上已在中国东南方形成包围。美国的包围堵截，不仅给中国向东部亚太地区的发展带来较大压力和阻碍，也给中国经济的前途带来威胁。

外贸对于中国来说，越来越重要。中国的石油已有60%以上依靠海外的进口，大多通过海上运输。中国与世界各国的贸易也很大程度上依靠海上通道。所以，中国必须打破美国的封锁，建立与世界各国更安全畅通的联系。

为了应对美国亚太再平衡战略，中国一方面积极构筑友善的周边环境，以图缓解美国的压力；另一方面，中国不将眼光局限于东部沿海，而开展西进的战略谋划。中国不谋求势力范围，不谋求全球霸权，只希望与全球尽可能多的国家建立更亲密的政治互信、经济联系和文化交流，也一直在朝这方面努力。为了这个目标，中国除了东南方向的海上道路之外，还有一条与世界联系的大通道，这就是西北方向的陆路通道。我们的丝路战略就是打通和扩展这两条通道。

所以，在这个大战略中，中亚再次处于中国发展的关键路口。对于中亚国家来说，西方的海洋国家是靠不住的。正如哈萨克斯坦首任总统纳扎尔巴耶夫所说，该国面临两个海洋，西边的俄罗斯和东边的中国。继承历史的传统，用路上丝绸之路与世界联通，是中亚诸国，也是中国发展的必由之路。

杨圣敏

目 录

导　论　地缘身份、内部结构与复线历史：中亚的定位、中国认知
　　　　及其当代转型 /1

第一章　"一带一路"中的中国 – 中亚关系：常识重建与互为契机 /17

第二章　连续性与断裂性：近代中国知识视野下的"中亚"范畴流变 /23

第三章　草原之域：哈萨克斯坦的历史论述与形象构筑 /46

第四章　"白金"之邦：乌兹别克斯坦的近代形象及其流变 /58

第五章　欧亚之枢：吉尔吉斯斯坦的在华认知与历史变迁 /74

第六章　高山之国：塔吉克斯坦的形象生成与认知塑造 /96

第七章　国运之镜：阿富汗形象的历史之变 /112

结　语　区域、文明，还是历史连续体
　　　　——中国的中亚叙述及其话语分类 /137

附录一　中亚地区文化遗产保护：历史、现状及特质 /156

附录二　固化与流动：中亚民族学与人类学研究的背景、演变与
　　　　范式转型 /169

附录三　国家感与边疆性：中亚国家间的边界问题及其观念折射 /190

后　记 /202

导论　地缘身份、内部结构与复线历史：中亚的定位、中国认知及其当代转型

> 所有无关紧要的事物终将消散，
> 只有海洋与大地于此长留。
>
> ——歌德

"中亚"（Central Asia）位于世界最大的连片陆地——欧亚大陆的中心位置，在世界文明史上曾经长期扮演着欧亚大陆东西方文明交往桥梁的重要角色，是著名的"丝绸之路"贸易活动与信息交流的重要周转地区。"例如吸收欧洲的许多发明，传播至于中国的，就是中亚人；而许多中国的发明，也由他们带回欧洲。由此之故，假如印度和中国可包含于世界史的范围内，则中央亚细

亚显然也应受同样的待遇。"[1]到了近代，随着整个世界力量中心从陆地转向海洋，这一区域又成为世界列强大博弈的舞台。随着苏联解体和中亚五国的独立，由哈萨克斯坦、乌兹别克斯坦、吉尔吉斯斯坦、土库曼斯坦和塔吉克斯坦所构成的当代中亚，开始形成新的身份认同与对外认知框架，从而为这一区域的未来发展打上新的时代烙印。

从历史的层面来看，正如英国学者汉布里所指出的，中亚在人类历史上起了两种独特的、从某种程度上可以说是矛盾的作用。一方面，由于中亚大部分地区的干旱以及缺乏交通上的自然通道（中亚多数大河注入北冰洋），其主要作用是隔开周围的中国、印度、伊朗、俄国等文明；但从另一方面来说，中亚的古代商路，也为中亚周边的诸文明提供了一条细弱的但又绵绵不绝的联系渠道。正是依靠这些渠道，中亚周围诸文明在各自得到一些贵重商品之外，还得到了一些关于对方的有限知识。如果不存在中亚商路的话，它们就得不到这些，或者至少要困难得多。[2]封闭性与联系性共存的状态，构成了中亚在亚欧大陆乃至整个前近代世界的基本图景，并成为我们面对当代中亚及其区域定位的过程中所必须理解的基本前提与基础。

长期以来，作为欧亚大陆东西段之间的交流通道，中亚缺乏自身稳定的政治结构、历史传承与族群结构，动荡与流动成为这一区域的显著特质，在文明史的脉络中无法形成具有连续性的整体认同，因此往往作为周边文明历史的"附属区"而存在，而该区域自身在与周边诸文明力量的互动过程中，所扮演的中介角色则呈现出

---

1 〔美〕W. M. 麦高文：《中亚古国史》，章巽译，中华书局，2004，第3页。
2 〔英〕加文·汉布里主编《中亚史纲要》，吴玉贵译，商务印书馆，1994，第7页。

导论 地缘身份、内部结构与复线历史

周期性的特征。从知识发生学的角度而言，中亚一方面始终在吸引着历史和现实的目光，另一方面却吞噬着我们对于这个地区的既有认识，唯一不变的就是这一区域内部秩序的不断变动与外部界限的混沌不清。这种形态，塑造了中亚在欧亚大陆认知框架中的基本状态，也构成了公众层面中亚认知的基本样态。在此基础上，我们必须首先回答与地缘身份相关的几个问题：中亚是什么？中亚不是什么？中亚会变成什么？

中亚是什么？

中亚是什么？这是一个关于中亚区域及其地缘定位的问题，只有理解了中亚与更大的外部世界的关联性，我们才能理解中亚本身。从历史与地理的视角来看，中亚可以是中国古代王朝历史视野下广阔的西域地带，这一充满传奇色彩的西域地区，在中国历代正史中构成了中原核心叙事的重要补充，其内容的丰富与否在某种程度上成为正史叙述及其相关王朝是否为大一统王朝的重要标志。中亚也可以是欧洲文明中的亚历山大东征曾经接触过[1]，但同时又长期没有关注的东部世界的组成部分，在这种认知中，中亚成为古代草原丝绸之路空间的一部分。著名的古希腊史学家希罗多德在其不朽名著《历史》中曾这样记述中亚的场景："直到这些秃头者所居住的地方，这一带土地以及居住在他们这边的民族，我们是知道得很清楚的。因为在斯奇提亚人当中，有些人曾到他们那里去过，从这些人那里是不难打听到一些消息的。从波律斯铁涅司商埠和黑海其他商埠的希腊人那里也可以打听到一些事情。到他们那里去的斯奇提亚人和

---

1 余太山：《亚历山大进军中亚主要政军策略例证》，《西域研究》2017年第2期。

当地人是借着七名通译,通过七种语言来打交道的。"[1]这条关于斯奇提亚人绕里海、咸海往东前行的道路,正是丝路北道的西段路线,是汉代之前的东西方商队逐步走出来的。[2]中亚同样可以是近代以前欧亚大陆东西方文明内部交流的中介区域。在汉代,位于中亚区域"中央位置的贵霜帝国所拥有的财富和它的重要性,可以说这里成了一个中心。这个巨大的十字路口独霸着向西穿过帕提亚国,通向巴尔米拉、佩特拉和地中海沿岸的道路,东边通向喀什噶尔、和阗和中国大都市的道路,向南的道路直通塔克西拉、旁遮普边境。游客从这里可以抵达巴里伽扎港,然后乘船驶向阿拉伯半岛、埃及,最后从这些地方取向罗马。一路上,从印度北部的东方港口开始,佛教文化就一直伴随着它的前进步伐,途经马来西亚、印度尼西亚、府南(今柬埔寨)和安南(越南北部沿海)的印支王国。大部分商人、使者、艺术家、冒险家、医生……在穿越贵霜领土时都经历了从叙利亚或从埃及到中国的那段艰难路程。在这块文艺繁荣的交融地上,贵霜帝国力图保留和吸收每种文化最精华的部分,这使得印度艺术和思想的魅力从西到东大放异彩"。[3]近代中亚更是成为俄国与英国彼此竞争的内陆亚洲区域,并从地缘角度影响了欧亚大陆东西两端的政治军事形势。正如俄苏中亚史研究大家巴托尔德(又译巴尔托里德——笔者注)在1920年撰写的《中亚简史》中所指出的:"19世纪,当欧洲最终确立其文化的领导地位时,中亚作为伊斯兰化的亚洲区域距离欧洲最远的部分,在文化发展上又低于其他伊斯兰国家。在俄罗斯来到这里以前,中亚没有印刷业,不论是石印或是

---

1 〔古希腊〕希罗多德:《历史》,王以铸译,商务印书馆,1997,第275页。
2 莫任南:《从〈穆天子传〉和希罗多德〈历史〉看春秋战国时期的中西交通》,《西北史地》1984年第4期。
3 〔法〕让-诺埃尔·罗伯特:《从罗马到中国——恺撒大帝时代的丝绸之路》,马军、宋敏生译,广西师范大学出版社,2005,第23页。

导论　地缘身份、内部结构与复线历史

活字印刷，而那时土耳其和波斯早就有了印刷业。在土耳其和波斯的国家、社会生活中，早在18世纪时已见有欧洲的影响，而中亚在这方面仍完全处于中世纪的状态中。只有蒙古入侵后首次复工的金币铸造厂表明，通过波斯的中介，它和欧洲曾发生过某种经济上的联系。但是，如果认为俄国征服者在中亚碰到的只是野蛮愚昧和没有什么可以赞成的文化活动的话，那是错误的。在俄国征服时，中亚大部分的经济状况比起一个世纪前，已有很大发展。希瓦和撒马尔罕又再次成为重要城市。比起16和17世纪，在19世纪，希瓦和浩罕汗国在文化（尤其是历史学）和建筑方面呈现出一幅比布哈拉更为生机勃勃的局面。费尔干纳首次成为一个大国的中心，它几乎包括了整个锡尔河流域。浩罕汗成功地把锡尔河省东部和七河省西部的一部分游牧民置于其统治之下。在中断了数世纪之后，又恢复了对草原地带的垦殖活动，并在浩罕汗国新建堡塞的保护下，恢复了农业生产……费尔干纳首次在中亚取得了经济上的首要地位，并在俄国统治下一直保有这种地位……像别的地区一样，中亚的未来决定于它在世界贸易中所占的地位。作为一个资本主义地区，中亚在商业上的重要性完全有赖于铁路的发展（它恢复了与海路贸易有同等重要性的陆路贸易），中亚大概将不再起它以前起过的那种与远东贸易上的作用，并且也似乎不可能在西伯利亚铁路外，又修建一条贯穿中亚到中国的铁路。不管怎样，未来修筑欧洲-印度铁路的问题仍是一个悬而未决的问题，也不知道在这一规划中中亚将起什么作用。为此，俄属中亚不但有其过去，同样也有其未来。"[1]在这里，巴托尔德预测到了中亚有可能在铁路互通中扮演重要角色，却没有

---

[1]〔俄〕维·维·巴尔托里德、〔法〕伯希和：《中亚简史》，耿世民译，中华书局，2005，第74~75页。引文略有调整。

预想到中国在新的世界中所占的重要地位。当然，中亚同样可以是 20 世纪大多数时间里的俄国－苏联中亚区域，更可以是当代的中亚五国——哈萨克斯坦、乌兹别克斯坦、吉尔吉斯斯坦、土库曼斯坦和塔吉克斯坦，甚至更为广大的区域。从总体来看，它是一种经历过几个阶段变迁的文化－生态共生区域，是一种与周边文明与国家力量有特定关联的区域，也是一块我们在思考自身社会与文明发展过程中无法全然回避的区域。比如说，当我们在思考历史上的北方民族迁徙问题以及中原王朝与北方游牧力量之间的南北互动问题的时候，就必须意识到中亚在这些过程中所扮演的重要外部角色。

中亚不是什么？

中亚不是什么？从严格意义上说，中亚不是一个地缘政治学意义上的独立单元，在可观察的一段时间内，它无法确立起自身的整体性话语与认同，而必须附属于欧亚大陆周边的某一力量单元，方能展现自身的能量。从现实的政治、军事和外交层面而言，中亚也不是一个稳定的政治－经济共同体，它自身在经济和生态上的脆弱性使其无法在长时间内形成一致性的力量，在认同层面，在可预期的时段内，也难以出现一种共同的、稳定的"中亚人"意识。

例如，在中亚的漫长历史上，我们还找不到一个真正囊括这一区域的，并以本地区为政治中心的长期统一的政治共同体，即便是在著名的蒙古帝国时代，中亚也并没有成为蒙古帝国的中心，而只是整个帝国的一个部分。而在 19 世纪末 20 世纪初英俄争夺中亚的时代，中亚在英国殖民政策的定位上也处于某种边缘位置，其地位无法与当时作为英国南亚战略支点的英属印度相比。而在其内部，由于后来苏联因素和宗教、族群因素的巨大影响，当代中亚五国的共同区域身份认同相对而言是比较弱的，远不及先前苏联的苏维埃共同体认同，以及当代基于特定宗教与种族身份的共同体认同，当然，更比不上中亚各国自身的民族国家身份认同。从这种意义上说，中亚更多的是一个外部附加的区域概念，而较少成为这些区域及其国家的内生认同概念。所谓的中亚国家联盟（The Union of Central Asian Nations）更多的是一种哈萨克斯坦单方面的构想，人口密度与历史传统居于优势地位的乌兹别克斯坦、吉尔吉斯斯坦等国未必愿意承认哈萨克斯坦的主导地位，而且现实状况也表明，这种构想始终处于悬置状态，在具体的发展层次上，甚至不如俄罗斯所主导的欧亚经济联盟，更不用说形成类似的更具共同性的东盟甚至欧盟结构了。

中亚会变成什么？

有意思的是，虽然中亚在印度殖民帝国体系中的地位比不上英属印度，但历史上的中亚曾经以独特的方式重塑了印度乃至整个南亚的历史，莫卧儿帝国及其创始者巴布尔就是一个鲜明的例证。正如莱恩普尔所指出的："巴布尔是中亚和印度之间、以掠夺为生的游牧民族与帝国政府之间，以及帖木儿与阿克巴之间的桥梁。亚洲两大雄主成吉思汗和帖木儿的血液融合在他的血管里，他把波斯人的教养、温文尔雅与鞑靼游牧民族的勇敢和好动结合了起来。他将蒙古人的活力、突厥人的勇敢和能力带给了懒散倦怠的印度教徒。他本人是一个幸运的战士，并不是帝国的缔造者，然而他给他的孙子阿克巴所建成的辉煌建筑物奠定了第一块基石。他对印度的征服为一个帝国世家开辟了道路，这奠定了他在历史上的不朽地位；而他早期的英勇冒险和不屈努力，以及他追述这些英勇冒险和不屈努力的回忆录，奠定了他在传记写作和文学上的地位。"[1] 这种经由特定的人物与帝国关联而形成的区域性联系，为我们思考中亚的未来转变提供了基础与可能。

正如卡尔·施米特所揭示的，一战及其后果影响了整个世界的走向："在先前的数个世纪中，都是由欧洲会议决定世界空间秩序，但是在1918~1919年的巴黎和会上，第一次乾坤颠转：由世界决定欧洲的空间秩序。这意味着人们试图在一个完全失序的世界里为欧洲创设一种新秩序。在国际联盟的护卫下，世界大会对欧洲大陆的土地进行强行的重新分配。"[2] 欧洲秩序在这之后，已经无法塑造整个世界框架并明确地缘角色。而随着历史的推进，近代以来世界政治及其地缘政治变迁为中亚赋予了新的角色。正如英国地理学家麦金德在20世纪初指出的，欧亚大陆内部区域，因其身处内陆以及海上力量无法渗透，将成为世界政治的枢纽地带。但在他的眼里，中亚只有在附属于俄国（以及之后的苏联）的基础上才能发挥作用。而在苏联走向瓦解之后，中亚又面临着新的抉择。它是成为所谓的土耳其势力范围的一部分，还是继续留在俄罗斯的影响下，抑或是寻找美国这样的"域外"大国作为其平衡外交的支点，或者与中国、印度、伊朗等周边邻国形成新的睦邻合作关系，这些不同的选择，都将决定中亚的未来定位，而在中亚内部，各国之间也将呈现出更多的复杂性和内部发展路径。

总之，作为世界空间秩序的一部分，中亚的这种内部结构将形塑其外部走向的持续性与整体性；而其本身，则会更多地受到欧洲之外区域与国家的重大影响。

---

1 Stanley Lane - Poole, *Babur*（*Rulers of India Series*），Clarendon Press, 1899, pp. 9–10.
2 〔德〕卡尔·施米特：《大地的法》，刘毅、张陈果译，上海人民出版社，2017，第222页。

内部结构

漫长的 20 世纪，不但是一个世界历史的真实舞台，而且是一个经历了两次世界大战之后的地缘政治实践场域。它不仅塑造了当今的世界整体秩序，而且对各区域内部结构形成独特影响。意大利学者阿瑞基提示我们："就像在 17 世纪晚期和 18 世纪早期，霸权角色对于一个像尼德兰联邦那样大小的国家来说变得太大了一样，在 20 世纪早期，霸权角色对像英国那样大小和资源量的国家来说也变得太大了。在这两种情况下，霸权角色都转交由另外的国家来承担——18 世纪是英国，20 世纪则是美国。这两个国家开始享受丰厚的'保护费'，也就是独享（绝对或相对的）与地缘政治学上的岛国特征相联系的专属成本优势……但在这两种情况下，这两个国家也要在资本主义的世界经济中占有足够的分量，以便能够根据它所认为的合适方向改变竞争国家间的权力平衡。由于资本主义的世界经济在 19 世纪已经有了相当程度的扩展，所以在 20 世纪早期成为霸权国家就需要比 18 世纪多得多的领土和资源。"[1] 俄国在中亚的推进及苏联在这一区域的制度改革，同样在某种程度上印证了这种领土与资源的结构性变化。

俄国在中亚的扩张过程，不仅是其帝国结构在中亚的延伸，还是其边疆观念在中亚这一新的历史与生态空间中发展与立足的过程。从历时性角度而言，中亚被纳入俄国的实践成为俄国边疆理念发展过程中的一个重要阶段。因为对俄国来说，其自身独特的"边

---

[1] Giovanni Arrighi, *The Long Twentieth Century: Money, Power and the Origins of Our Times*, Verso, 1994, p.62.

疆性"正是在其与东部蛮族的对抗中逐渐形成的，而且在其自我叙述中，俄国本身也成为整个欧洲的屏障。正如捷连季耶夫所指出的，从17世纪开始，"俄国在战胜了一个敌人之后，就得马上对付另一个敌人：打败金帐汗国之后，马上就要制服喀山，制服喀山之后，又得去制服巴什基尔人等等；战事不绝，好像这就是俄国今后的使命。各汗国一个接一个地窜向俄国边境，可以说是在敲打欧洲的大门，但严峻的守卫者毫不客气地撵走了这些不速之客。从这时起，欧洲听不到武装的民族'大迁徙'的不祥的喧嚣声，也听不到我国边境村民的呻吟，只有一个俄国倾听这种呻吟声，并为他感到痛苦。希布察克人、巴什基尔人、卡尔梅克人和吉尔吉斯人，他们挨个儿在俄罗斯人民坚不可摧的威力前碰得头破血流。俄罗斯人民不仅使自己，而且同时也使欧洲摆脱了类似阿提拉和拔都那样的野蛮鞑靼军队入侵的恐怖……俄罗斯就是采用这种不断往前伸展的一条条防线，向东推进，劳而无功地去企求安宁。在她还没有遇见一个能尊重条约、开化到不靠劫掠为生，而且强大到足以禁止属下匪帮对我国边境进行强盗式侵袭的民族以前，她是得不到这种安宁的。由各个草原和各野蛮汗国所促成的，而我们不得已予以采纳的这个计划……只能决定构筑要塞来遏阻他们"。[1] 而随着俄国版图向东拓展，欧洲文明的屏障才越发深厚。到了叶卡捷琳娜在位时期，俄国进一步向中亚方向推进，"设置一系列类似当时帝国内部已建立的机构，把半野蛮的臣民拴在共同的国家制度上，深入亚洲草原，开辟一条通向进步和文明的道路"。[2] 在这种思想认知之下，俄国本身向中亚的扩张同时是一种其内部"流动性"被渐次消除的过程，

---

1 〔俄〕M. A. 捷连季耶夫：《征服中亚史》第1卷，武汉大学外文系译，商务印书馆，1980，第13~15页。
2 〔俄〕M. A. 捷连季耶夫：《征服中亚史》第1卷，第86页。

并在"文明开化"理念引导下被纳入整个帝国的内部治理当中。正如后来的苏联学者 H. M. 休金娜在总结俄国在中亚的地图绘制历史的著作中所指出的:"对 19 世纪末和 20 世纪初俄国对中央亚细亚的考察来说有代表性的是继承性和坚定的目的性。考察队有计划地开辟路线,以便把中央亚细亚地图上的空白点分成越来越小的地块。由于考察的这种坚定的目的性,中央亚细亚在很短期限内在地图上就不再是'未踏勘地区',而是具有了清楚的图形。"[1]中亚地图的绘制,正是这种理念初步深化和实践的重要产物。[2]

从历史进程上看,俄国逐渐征服哈萨克草原的过程是从镇压哈萨克诸汗政权开始,中玉兹、小玉兹和大玉兹分别在 1822 年、1824 年和 1848 年被征服。"沙皇统治在哈萨克草原的确立,是一个缓慢而审慎的过程。彼得堡政府并没有给予哈萨克人以臣民的地位,他们还仍然保持着'外侨'(inorodtsy, allogénes)的身份。"[3]在一开始,俄国的中亚政策更多地采取保留当地原有社会秩序的方式来实现间接治理,"沙皇在中亚的对内政策是,打算用维持住这一地区的和平和秩序,而对本地的风俗习惯和生活方式尽量少加干涉的方法,来保证持续的统治"。[4]但之后的棉花、剩余土地和市场需求,改变了俄国之前的中亚政策。以 1822 年颁布的《西西伯利亚吉尔吉斯人条例》为标志,俄国对中亚地区既有的政治结构进行了系统调整,这一调整首先以哈萨克草原区域的中玉兹开始,俄国将其领地纳入鄂木斯克省的外围区,受西伯利亚总督的

---

1 〔苏〕H. M. 休金娜:《中央亚细亚地图是怎样产生的》,姬增禄、阎菊玲译,新疆人民出版社,2012,第 202 页。
2 关于这一问题,笔者将有专文论述,此处不再赘述。
3 〔英〕加文·汉布里主编《中亚史纲要》,第 265 页。
4 〔美〕迈可尔·刘金:《俄国在中亚》,陈尧光译,商务印书馆,1965,第 14~15 页。

直接管辖。[1] 随着俄国在19世纪后半叶逐步吞并中亚地区，到19世纪末20世纪初，其在中亚北部设立草原总督区，驻地为鄂木斯克，在南部绿洲设立突厥斯坦总督区，驻地为塔什干，从而确立起"北部草原+南部绿洲"的中亚治理格局。从周边生态与政治态势而言，这一治理格局尽管在组织方式上呈现多种形式，但其内在基础始终是中亚在气候、土地、水资源方面已形成的分布格局，其南—北结构始终未变。从总体上说，一直到20世纪初期，即便是在俄国控制这一区域之后，当时的行政治理格局基本上依然保持了这种状态，符合当时以农牧业为主的区域经济格局及相关的人口与群体分布态势。[2] 长期以来，在中亚的这种南—北结构中，位于费尔干纳的南部主体区域在经济、人口、历史文化等方面占据优势。

在二月革命和十月革命之间，中亚社会内部的主体性意识逐渐高涨。作为苏俄国内战争的后果之一，苏维埃政府在当地渐渐掌握权力，并在之后苏联的整体政治实践和治理框架中形成新的"平等"话语，进而从政治、经济和社会层面转变了长期以来南—北结构中以南部为中心的历史图景，以哈萨克斯坦加盟共和国为中心的北部草原区域逐渐成为当代中亚新的南—北结构中的北部中心，并在很大程度上转变了中亚内部国家叙述历史与理解边界的方式。

苏联解体后，中亚各国继承了苏联时期划定的行政结构，继续维持现有边界，共同奉行不破坏边界的原则。这种在苏联政策中基于平等原则塑造的中亚国家"并行"结构，在苏联解体之后

---

1 王希隆、汪金国：《哈萨克跨国民族社会文化比较研究》，民族出版社，2009，第25页。
2 袁剑：《区域、文明，还是历史连续体？——中国的中亚叙述及其话语分类》，《西北民族研究》2019年第1期。

导论　地缘身份、内部结构与复线历史

成为一种被"继承"的内容，并在随后各国的国家认同建设中成为某种基本共识。1993年8月，独立不久的中亚五国签署声明，进一步确认了维系各国间现有边界的原则。在此基础上，中亚各国基于各自国家利益的考量，迫切想要解决自身与周边各国的边界争议问题，但由于这一问题的历史遗留特征，以及其在中亚各国自身民族国家建设中所扮演的政治动员工具，因此在具体的解决方面进展缓慢。有研究者指出，中亚各国的公民认同感建立在民族的和领土－文明的认同感基础之上，"与公民认同感相联系的民族性在中亚大的民族中都占优势，除了老的文明中心的居民之外，民族性作为公民自我意识的基础，在哈萨克人和吉尔吉斯人中也占优势。老的中亚文明中心（乃是代表国家的核心）的居民，主要分布于乌兹别克斯坦、塔吉克斯坦和吉尔吉斯斯坦，有费尔干纳谷地、布哈拉、撒马尔罕、塔吉克斯坦南部地区和乌兹别克斯坦南部地区（苏尔汉河州），他们正形成类似非命名的中亚土著民族的公民自我意识，如在乌兹别克斯坦的塔吉克人，在塔吉克斯坦、哈萨克斯坦和吉尔吉斯斯坦的乌兹别克人，他们是在中亚传统的领土－文明基础上形成的。因为这些领土的大部分是在乌兹别克斯坦，从总体上讲，该国的公民认同感是在古老的中亚国家体制强力影响下的产物，与该国邻国的居民在很多方面有明显的不同，形成了中亚新独立国家边界冲突的潜在根源"。[1]这种中亚国家在疆域及边疆结构方面呈现的复杂性，不仅在现实政治层面影响着中亚国家间的相互关系，也将在各自历史叙述的层面得以呈现。

---

[1] 王尚达:《中亚国家之间的边界问题》,《中国世界史研究论坛第五届学术年会论文集》,2008,第924页。

复线历史

与当代中亚内部疆域结构的复杂化相对应的，则是各国在自身作为"历史连续体"的叙述方面呈现出的复线特征。"复线历史"在中亚各国的历史话语创制中成为一种基调，它既意味着基于俄国－苏联空间的统一的中亚历史叙述就此终结，也意味着在中亚各国的历史叙述中形成了某种程度上的互相竞逐的局面。了解和认知这些国家的叙事风格及其历史观念，将有助于我们更好地理解这一区域内部国家当下和未来一个时期的自我定位与走向。

以当代中亚最大的国家哈萨克斯坦为例。苏联时期的哈萨克斯坦历史叙事服从于苏联历史的整体架构，以某种公式性的方式呈现。（1）哈萨克斯坦同俄国的联合，是16世纪末期以来哈萨克人民最著名、最有远见的统治者所一直追求的目标。（2）哈萨克斯坦同俄国的联合，防止了其他野蛮国家奴役哈萨克人，并使其与一个比一切亚洲邻国都"更为文明"的国家形成了密切关联。（3）哈萨克斯坦归并于俄国，制止了周边力量瓜分这一区域，并为其进入更进步的经济形态开辟了道路。（4）哈萨克人在他们全部历史中都从未有过一个真正有组织的国家，只是一些联结得很松散的半国家组织。苏维埃政权使哈萨克得以有一个真正的自己的国家——哈萨克苏维埃社会主义共和国。[1]到了苏联解体后的1992年，哈萨克斯坦总统纳扎尔巴耶夫在"建立和发展作为主权国家的哈萨克斯坦战略"中，指出了历史因素在哈萨克斯坦国家建构中的巨大作用，认为哈萨克斯坦的现有疆界是历史上后来定居的、控制了整个哈萨克

---

1 〔美〕迈可尔·刘金:《俄国在中亚》，第79页。

导论　地缘身份、内部结构与复线历史

斯坦疆域的民族部落的领土。此外，他还指出，一个独立的国家不是哈萨克人的礼物，而是其历史的家园。当局将采用一切手段来确保统一国家的完整性和不可侵犯性。这也是这一不稳定时期哈萨克斯坦关于其国家定位的重要声明。这种理念，体现在哈萨克斯坦自身的国史叙述中，表现为其彻底抛弃了苏联时代的框架，开始以自身作为欧亚历史运动的中心之一来定位："塞人时代的文化表明，作为中亚一部分的欧亚大草原是独立于黄河文明和多瑙河文明的具有自己特色的文明单元。欧亚草原文明集各时代各地区文化特点于一身……在世界上，各个时期都有若干非常活跃的族源中心，其族人就像大锅里的开水沸腾后水花四溅一样向四处扩散迁徙，最终改变整个大陆的面貌……哈萨克斯坦始终是欧亚大陆上这些不规则迁徙运动的中心地带。"[1] 从认知角度而言，这种叙述在中国自身对于中亚的认识框架之外，形成了新的"历史连续体"叙述，值得关注。

目前，在寻找"历史连续体"的目标之下，对国家感与历史性的塑造，已然成为中亚国家认同建构的基本内容。但在这一目标之下，必须进行历史与现实层面的妥协，各国自身所试图追寻的帝国荣耀及其历史记忆，与这些国家在苏联时期的划界现实始终存在着某种错位。实际上，中亚地区这些历史上的荣耀帝国与现实中的国家疆域无法形成一一衔接的关联，"独占的"与"切割的"国史叙述及其帝国想象无法在中亚各国之间的相互关系中得到彻底贯彻。因此，在未来的很长一段时间内，"复线历史"基础上的"共享"与"交错"都将是中亚各国历史版图与现实疆域之间关系的基本态势。在未来，中亚各国的民族国家建构依然任重道远，需要经历一个漫

---

[1]〔哈〕坎·格奥尔吉·瓦西利耶维奇：《哈萨克斯坦简史》，中国社会科学院丝绸之路研究院等译，中国社会科学出版社，2018，第22~24页。

长的过程。这一过程同时是一个构筑不同于苏联时期的自我同一性的过程。由于中亚各国构筑其国家公民认同感的基础不同,各国推进民族国家的进程、力度与方式也各有差异;与之相应,其"历史连续体"的书写也各不相同。

最后,让我们回到大地与海洋的命题。正如哈萨克斯坦总统纳扎尔巴耶夫曾经说过的:"中亚虽然是内陆,但我们有两片海洋,一片叫中国,一片叫俄罗斯,只要打通陆路运输,他们就是我们最好的海洋。"正是在这个意义上,我们才能够理解中亚所具有的地缘身份、内部结构与复线历史之间的复杂关联,并思考以之为对象的大地与海洋。它们同样永恒,也同样久远。我们认知中亚的图景与视角,也正是在这种结构变动中得以推进与深化。

第一章 "一带一路"中的中国－中亚关系：常识重建与互为契机

重建我们的"中亚"常识

近代以来海洋文明的强势地位，使我们在回溯历史的过程中，往往将目光更多地转到欧亚大陆外围与沿海地带的文明与社会，比如说非常著名的希腊文明、印度文明以及古巴比伦文明等，当然，还有我们自己璀璨辉煌的中华文明。不可否认，这些文明在世界文明发展史中具有举足轻重的作用，奠定了所在地区社会与生态未来发展的基石，并且在历史发展的漫漫长河中在本区域内确立起巨大的引领与辐射作用。但是，如果我们将整个欧亚大陆的发展与互动仅仅局限于或者说等同于这几大文明的话，那么，我们就在某种程度上忽略了欧亚大陆内部其他区域的相关状况，以及这些地区曾经有过的并且如今依然在继续进一步发展着的与外围文明的互动与交流，也忽略了欧亚大陆内部区域的社会与族群对外围社会与文明所产生过的冲击与影响。这无助于我们确立起对欧亚大陆的整体性认知，而其中的重要一环就是"中亚"。因此，为了更好地了解从历史到当下欧亚大陆的地位与结构问题，就有必要重新认识"中亚"这一区域本身，尤其是这一区域内部的历史与社会发展逻辑，只有这样，我们才能更好地、更客观理性地去看待中国与这一区域的历史、当下与未来关系问题。

当然，作为中国人，我们对外域的认知永远也比不上对自己祖国——中国的认知，这一点无可置疑。但是，我们至少也不应该使中亚完全成为我们的知识空白。一方面，我们目前对美国、欧洲的认识水平要远远超过对处在中国周边的中亚地区的认识水平，这固然跟我们与欧美国家在各个层面上的交往更多有关，同时体现了欧美在当代世界政治经济体系中的重要地位。但另一方面，对于欧美之外诸多地区尤其是中亚地区的认知空白，也暴露出我们对周边情况认识的不足，这与中国作为崛起中的大国所应具有的全球视野，与我们在处理好自身问题的基础上认识和面对来自域外的机遇与挑战的反应能力是难以契合的。在很多情况下，公众层面对于中亚的认知往往更多是神话性的，而不是知识性的，中亚在这种语境下成为一种遥远而又神秘的东西。让中亚不再遥远，让中亚不再神秘，厘清中亚在中国对外认知图谱中的位置与特征，进而更好地加深对自我的理解，这就是我们重建"中亚"常识的目的与关键。

第一章 "一带一路"中的中国－中亚关系

从"大博弈"到"新棋局"

中亚这一区域在历史上曾经是欧亚大陆东西方文明之间交流互动的重要枢纽，既是各个族群彼此往来移动的地理通道，又有"丝绸之路"的文化美名。但值得注意的是，数千年来，中亚地区本身在历史上始终没有形成一个以本区域为核心的稳定统一政权，而始终处在欧亚大陆外围文明的争夺之中。在这种争夺中，19世纪中后期英、俄之间对中亚的"大博弈"（The Great Game）最终奠定了1991年之前中亚的基本地缘政治格局，并深刻影响当今的中亚地缘政治。

英、俄两国间的这场"大博弈"源自英国和俄国分别北上和南下过程中的帝国利益冲突。1839年，英军从印度北上，发动阿富汗战争，而俄国则从奥伦堡南下进军希瓦汗国，两大帝国力量发生碰撞，冲突随即展开。这场"大博弈"经历了半个多世纪，最终以阿姆河—帕米尔—线划定双方势力范围。而在这之后，我们如今所称的中亚五国区域全都被纳入俄国版图之内。

当然，在具体的争夺过程中，政治与军事总是交织在一起的，但俄国通过外交层面的活动，在夺取中亚的过程中取得了事半功倍的效果。恩格斯曾经这样论述沙俄在外交方面的优势："对外政策，这毫无疑问是沙皇政府所擅长的，而且是非常擅长的一个方面。俄国外交界形成了某种现代的耶稣会，它强大到在需要的时候甚至足以克服沙皇的任性，足以任自己内部取缔贪污腐化，而在周围更广泛地传播这种贪污腐化之风。"[1]俄国对中亚的逐

---

[1] 恩格斯：《俄国沙皇政府的对外政策》，《马克思恩格斯全集》第22卷，人民出版社，1974，第16~17页。

步控制过程，实际上就是在军事力量支撑下，利用外交手段逐步将其纳入俄国版图并进行内部治理的过程。

随着冷战的结束，原先苏联中亚地区诸加盟共和国实现了自身的独立建国之路，打破了原来这一地区国家间的力量平衡结构，中亚开始进入新一轮国家与国际力量博弈阶段，地缘政治的"新棋局"正在形成。

中亚的这种"新棋局"不同于之前的"大博弈"，除了原先在政治、军事等方面的争夺之外，还有着更多因素与力量的介入，例如文化软实力、国家认同、族群关系等，这些都使"新棋局"中的可变因素变得越来越多、越来越复杂，因此，需要我们对这一地区在认知层面有新的积累。

中国与中亚的"互为契机"

从整体结构上看，1991年苏联的解体和中亚五国的独立，在地缘政治层面上标志着中亚从一个大国（苏联）内部的区域问题转变为欧亚大陆各大力量都必须面对的区域问题。与此同时，中亚本身也面临着一个从作为苏联组成部分的整体向具有各自国家与民族特征的多元转变的过程，这一过程的完成并不是一蹴而就的。

这一地缘政治局面的变迁所带来的问题是多方面的。如果说，从1991年底至21世纪初，中亚各国在这一时期的主要任务是完成民族国家认同与建构的话，那么，从2001年美国以反恐为由进入中亚，中亚各国开始进入一个国家建设与对外战略并行的阶段。在这一阶段，寻找大国支持和避免对抗成为中亚各国对外关系的主轴。

从中亚各国的国家建构方面来看，独立并不意味着中亚各国内部问题的解决。在某种程度上可以说，独立之后的中亚各国，很多问题才刚刚开始。对于它们来说,需要在"中亚"这一概括性标签之外形塑各自独特的国家身份与发展契机,并开始认真面对这些国家之间所存在的诸多未解难题。对此,美国中亚问题专家奥卡特(Martha Brill Olcott)在《中亚的第二次机会》一书中为我们列出了中亚国家在国际、地区和国家等几个层面上所面临的问题:其一是各国在管理公共水源方面持续不断地出现紧张关系;其二是各国间存在的边界问题和少数民族待遇问题;其三是中亚地区内部贸易困难的问题;其四是毒品贸易和有组织犯罪的威胁问题;其五是极端思想的扩散问题。她进而指出,中亚有可能出现一个或多个失败国家,这是最危险的潜在问题,而随着权力向后苏联时代的领导人移交,这种危险在不断增加。因此,这些"独立后遗症"问题处理恰当与否,将直接关系到中亚各国的未来命运,也将对周边大国的政治军事战略造成巨大的影响。

中亚因为自身所处的内陆地缘环境,为了能够更好地参与到更广阔的全球经济互动过程中,就必须与欧亚大陆周边的大国相联系。而在中亚各国的具体选择中,除了继续维持与俄罗斯的传统政治和经济联系之外,中国在某种程度上成为中亚各国新的合作方向与通道。与此同时,随着中国"一带一路"倡议的推进,重新寻找东—西轴向的发展通道也成为中国未来的重要依托。因此,从中亚的角度看,在俄罗斯这一战略依托之外,中国日益成为其在经济领域内最重要的合作伙伴之一。在中国方面,随着西部大开发的推进、经济结构和生产力布局的大调整,以及整体安全环境的需求,主动建立起与中亚各国的良好互动关系也将有助于上述问题的推进与解决。可以说,中亚与中国在相关关系的构建方面有着各自的需求,双方"互为契机"。

当然,必须承认的是,在建立中国-中亚区域性合作的过程中，双方的需求并不是完全相同的，对于彼此文明与文化的理解与包容成为合作的基本前提。我们必须注意到，如今的中亚已经不再是苏联的一个地区，而是具有诸多独立国家的庞大地区，而这些独立国家之间也有着各不相同的复杂关系，因此，中国－中亚合作关系的推进是无法单纯依靠中－俄、中－美等大国关系就可以解决的，还必须时刻考虑到中亚地区乃至其中各国本身在关系建构方面的主体性问题。也就是说，要倾听它们自己的声音，了解中亚和中亚各国的真正需求，只有这样，中国与中亚彼此之间的合作才能有可持续性，当代"丝绸之路"及其所展现的互利合作精神才能更好地传承下去。

总之，深刻变动的当代世界政治、经济格局使"一带一路"中的中国－中亚关系面临着新的机遇，这种机遇将使我们的陆向轴线重要性日益凸显，并得以大幅度改善中国的陆向生存环境，欧亚大陆各大国之间的相互交流与共同发展也变得更加迫切与可能。在对历史与现状的深刻认知的基础上，明确中亚在这一过程中的重要地位，了解中亚国家的自身关切，将有助于我们更为科学地构建当代中国－中亚关系，并在此基础上将其进一步深化与发展。

第二章　连续性与断裂性：近代中国知识视野下的"中亚"范畴流变

中亚的位置特质

从地缘上来看，"中亚"位于欧亚大陆的中心位置，在世界文明史上曾经长期扮演欧亚大陆东西方文明交往桥梁的重要角色，又在近代成为世界列强争夺博弈的舞台。正如汉布里所指出的："中亚在人类历史上起了两种独特的，从某种程度上说是矛盾的作用。一方面，由于中亚大部分地区的干旱以及缺乏交通上的自然凭借（中亚多数大河都向北流入北冰洋）的结果，中亚的主要作用是隔离开了其周围的中国、印度、伊朗、俄国等文明。但是从另一方面讲，中亚的古代商路，也为中亚周围的诸文明提供了一条细弱的，但又绵绵不绝的联系渠道。正是依靠这些渠道,中亚周围诸文明在各自得到一些贵重商品之外,还得到了一些对方的有限的知识。如果不是中亚商路的话,它们就得不到这些,或者至少要困难得多。"[1]可以说,中亚的这两种独特性在某种程度上构成了我们对这一区域认知的基本前提与基础。而值得注意的是,对于任何试图对世界体系史进行的系统分析来说,中亚同样具有中心地位。对于世界体系的研究而言,如何对冷战之后新出现的区域进行有效的定位与分析,是确立世界体系理论当代有效性的关键所在。正如弗兰克所言,中亚在某种程度上成为一个"黑洞",它必须引起世界体系史研究的关注甚至热情。但是,中亚可能仍然是世界及其历史当中最重要而又最被忽视的部分。之所以造成这种忽视,主要有以下一些原因:历史绝大部分是由那些有自身目的,尤其是将其胜利合法化的胜利者所书写的。而中亚在很长一段时间内,是一些胜利者的家园,对于他们所取得的成就,他们要么记述了一些历史,要么留下了一部分历史遗迹。而自15世纪以来,中亚民众几乎一直是失败者。他们在自己的土地上输给了别人,他们所在的中亚故土也不再是世界历史的中心。此外,这些损失迅速在彼此间关联起来——富有吸引力的世界历史中心转移到了外围、海洋和西方,[2]这种充满历史性的变动,最终形成了目前世界格局和地缘政治结构中的中亚现状。

尽管对于中亚的具体范围依然存在诸多不同的看法,但目前国际学术界和政治界普遍认同的中亚范围是指如今的中亚五国(哈萨克斯坦、乌兹别克斯坦、吉尔吉斯斯坦、土库曼斯坦和塔吉克斯

---

1 〔英〕加文·汉布里主编《中亚史纲要》,第7页。
2 参见 Andre Gunder Frank, "The Centrality of Central Asia," *Studies in History*, Vol.8, No.1, 1992, pp. 43–97. 中译文参见〔德〕贡德·弗兰克《中亚的中央性》,袁剑译,《全球史评论》第11辑,中国社会科学出版社,2016。

坦）区域。这一区域在历史上曾经扮演过十分重要的角色，古代丝绸之路穿越其间，成为沟通欧亚大陆东西方文明交流共荣的桥梁与纽带。15世纪以来，随着地理大发现和海上新航路的开辟，欧洲力量所控制的海路运输越发繁忙，而曾给这一地区带来繁荣的驼队贸易则日渐衰退。到了18世纪，中亚进入停滞阶段，面临着政治、经济和文化层面的多重衰退，最终被纳入俄国－苏联的政治版图当中。[1] 随着1991年中亚五国的独立和苏联解体，这一区域又开始以新的面貌进入国际政治和经济秩序当中，并在全球化和区域一体化的浪潮中努力寻找自己的新定位。

中国"中亚"认知的连续性与断裂性

正如中国的对外认知视野数千年来发生过巨大变化一样，中国对于"中亚"及其指涉地区的认识也经历了复杂的变迁过程，从而在对于"中亚"概念认知方面形成了自身的特殊性，即古代中国在"西域"认知层面的长期传统以及二战之后尤其是新中国成立之后对于"中亚"认知中占据主导的国际关系研究路径。这两者在某种程度上构成了中国"中亚"认知的两种连续性。而在这两者之间，则存在着一种断裂，即传统"西域"认知与二战尤其是新中国成立之后"中亚"论述之间的断裂。这涉及传统的"西域"认知是如何转变为"中亚"认知的，同时涉及在这种转变过程中所凸显出来的民族国家及国家边界日渐明晰化问题，即从一个主要包括中国西部地区在内的"西域"概念向一个基本上将中国西部地区排除在外的"中亚"概念的演变及用语问题。

---

1 Denis Sinor, "Rediscovering Central Asia," *Diogenes*, Vol. 51, No. 4, 2004, pp. 7–19.

与同一时期或在稍后时期出现的亚洲其他主要区域概念如"东亚""东北亚""南亚""东南亚"相比,"中亚"概念在中国语境中的出现与使用更具波动性与模糊性,这一概念在中国的生成与运用在很长时间内都存在着一定的争议,至今尚未完全明晰。这就使得我们需要细致考辨分析这一概念在近代中国的生成,从而动态性地说明认知的具体流变过程,揭示出这种内在的"断裂性"。

中国古代的中亚认知框架

作为与中亚有着长期历史联系的大国,中国历史上对于中亚的认知十分悠久,传统的"西域"认知范式在某种程度上贯穿了中国古代王朝对中亚的认知,成为历代官方正史对中亚地理、政治、文化等整体面貌加以梳理与概括的主要方式,并构成了我们认识历史上的西域地区的一种总体视角。在这当中,《汉书·西域传》是首个真正意义上的"西域传",其文曰:"西域以孝武时始通,本三十六国,其后稍分至五十余,皆在匈奴之西、乌孙之南。南北有大山,中央有河,东西六千余里,南北千余里。东则接汉……"这一叙述成为此后历代王朝正史西域叙述的基本框架,即强调其东部与中原王朝接壤,而对其西部界限则没有明确说明。

具体而言,"西域"的范围大体而言存在着广义、狭义两种,广义的"西域"指玉门、阳关以西的广大地区,而狭义的"西域"则主要指塔里木盆地及其周边地区。[1] 在这种认知基础上,中国古代对于中亚的认知主要侧重于其与中原地区相邻区域的交流互动,对于其具体的地域范围以及内部社会生态分布,并不是十分的关注。这种

---

1 余太山:《两汉魏晋南北朝正史西域传研究》上册,商务印书馆,2013,第122~126页。

情况在某种程度上是与古代中国周边及其对外需求特征紧密相连的。1884年清廷在新疆正式建省以及19世纪晚期中俄之间一系列边界条约的签订，标志着中国语境下广义"西域"概念出现了分化，传统的对中国西部边界的模糊印象随之逐渐清晰，并进一步标识出"中亚"的明确东界及其具体空间范畴。

近代知识界的"中亚"意象变迁

19世纪中叶，近代西方帝国主义侵入中国，西方列强既用枪炮与商品改变了中国内部的政治与经济秩序，也带来了系统性的西式知识体系，这种知识体系在知识和思想的层面上挑战着中国传统的知识体系，并形成压倒性的优势。在这种西方力量进逼与渗透的过程中，中国传统的对外认知视野和世界秩序逐渐瓦解，新的对外知识视野和区域观念在曲折变幻中逐渐形成，其中就包含了中国对于中亚的认知，尤其是对其概念范畴的新认同。在这一过程中，传统的"西域"认知正逐渐被更为清晰化的"新疆"和"中亚"认知所取代，而这一过程，又鲜明地体现为从古代中国一种相对模糊的对外视野向近代民族国家结构逐渐成形之后基于政治边界划分得更为明晰的认识框架转变。

当然，这种认知转变的过程并不是一蹴而就的，而是经历了一个相对缓慢的演变过程。总体而言，在清末，报章和文人笔端所出现的"中亚"，更多地指波斯、阿富汗一带，有时甚至还指以印度为主体，并受其影响的周边区域。当时，随着英俄"大博弈"的展开，双方的势力范围逐渐明晰，中国国内对此也开始有所报道，并在部分报刊文章里面形成了对于近代意义上的"中亚"的初步定义。

在晚清洋务运动的大背景下，早在1879年，位于上海的《万国公报》就刊发了关于俄国在中亚经营并进行地理勘察和地图绘制的报道，分别题为《各国近事：大俄：论中亚西亚之权力今非昔比》[1]和《各国近事：大俄：查勘中亚细亚舆图》。[2] 1898年，《时务报》第62期编译《俄国经营中亚细亚情形》一文，称："俄国蚕食中部亚细亚，欲以抚英属印度之背，孜孜匪懈，思遂其雄志，其奏效之绩，颇可观焉。唯中部亚细亚之地，僻处亚洲之中央，故其事不易入人耳目，于是俄国南下之势，虽骎骎不已，世人知其情形者却少。"[3] 1899年，《知新报》报道英俄两国派员勘探中亚地理的情况，文章题为《亚洲近事：英俄派员测探中亚洲地势》，[4]其中以"中亚洲"指代这一区域。

进入20世纪，整个亚洲的地缘政治形势发生巨大变化。1907年，张嘉森撰《外国之部：外国半年记事：中亚细亚之政况》一文，列举了阿富汗、波斯的相关情况，并指出随着日俄战争俄国惨败，其在中亚被迫退让，转而同意与英国一起治理波斯，以防止德国势力乘虚而入。[5]同样是在这一年，《外交报》刊载《论阿富汗之关系于中亚细亚问题》一文，认为"阿富汗者，当亚细亚大陆北部及印度之要冲，自古由大陆一面，以进印度者……然自进取之俄国言之，不甚重视阿国，犹可言也，而自防御之英国言之，则阿于防御印度之关系，要不能轻视耳"。[6]

次年刊发的《论英俄之于中亚细亚》一文指出："所谓中亚细亚

---

1 《万国公报》第530期，1879年，第20~23页。
2 《万国公报》第542期，1879年，第22页。
3 《时务报》第62期，1898年，第21页。
4 《知新报》第88期，1899年，第6页。
5 《政论》第1卷第1期，1907年，第91~93页。
6 《外交报》第7卷第1期，1907年，第19~21页。

第二章 连续性与断裂性

者,自地理上言之,范围颇广。盖以印度为主,而与之接壤,或与其治安相关之国,将来政治上应受印度之大影响者,皆是也。察其情事,实错综而复杂,利害所系,普天之下,实无伦比。按毗连印度者,首为亚细亚土耳其,其国坚忍活泼,不可思议,而诸大国又常以之为政治目的,互相竞争。某国几欲托名以庇护之,故土耳其案实为关系尤巨之件。次为波斯,其政府疲软,他日国内分裂,固可预知。然与其互有往还之诸国,不能不为之扼腕。若顾全友谊,赞助波斯,令其异日得所依据,实为我英之所深愿,而吾尤望政府勿以近事而弃其在波之利益,尤必力为之助,使保其独立政治也。至于阿富汗,历五十年,久为中亚重要之问题。其国介于英俄,故其天然形势及国民财富,尤不容有所漠视……若夫中亚,又有中国西境领土。夫中国,大国也,立国最久,屡经革命之乱,而仍不解体,故亦不可轻视……"文末译者按语称:"中亚细亚为英俄所必争,他日变故,正不可知,而我国之新疆、西藏,实当其冲,西望边陲,能不为之怵然耶!"[1]在这一叙述中,中亚的范围主要指以印度为主体并受其影响的周边区域。

随着知识界对外视野的扩大,尤其是在民族国家知识范式逐渐进入公众知识领域之后,国内知识界对于中亚范围的认知就逐渐清晰起来,开始形成关于俄属中亚的一般性共识。

在1911年佩玉所撰《俄国中亚经营策》一文中,作者指出:"俄领中亚细亚之地域,北接西比利亚及欧俄,东连蒙古、新疆,南亘阿富汗及波斯,西邻夏斯卜海,广袤约当德国之七倍。至于人口,不过八百万……俄国获得中亚细亚之领域,悉为战争之结果,

---

[1] 《外交报》第8卷第23期,1908年,第13~14页。该文译自日本明治41年7月4日《东京日日新闻》。

系最近八十年间之事。"[1]在20世纪一二十年代的报章中，有许多类似的叙述与介绍，兹不赘述。

但是，由于中亚地缘与历史的复杂性，即便到了对中亚范围认知较为固定的20世纪三四十年代，知识界对于中亚仍然有不同的看法。例如，1940年的《译刊》刊发《伊拉克：中亚的枢纽》一文，认为"摊开地图一看，伊拉克雄当波斯湾的首冲，显然地控制了中亚"。[2]文中就将波斯湾地区及周边地区看成中亚，而这一区域在当今显然是西亚。此外，同年刊发的《苏联：中亚苏联》一文则将"中亚细亚"限定为苏联穆斯林及游牧民族生活的区域，也即我们现在所称的中亚五国区域，文中这样描述："中亚细亚（Central Asia），人口约千五百余万，大部分属土耳其族（Turkestan），信奉回教，派别甚多，北部为游牧民族，南部从事耕种。十九世纪中叶，沙俄时代，即将该地并入版图，南与阿富汗（Afghanistan）接壤，一部直达印度西北边境，帝俄势力膨胀如此，所以世界遂赐之以'北欧之熊'的别号。至十九世纪末，英人恐俄、防俄心理日长月增，几乎把她当作恶魔一样看待。十月革命后，此地因民族复杂的关系，扰攘不宁，直到1924年，内乱方告平息。苏联在中亚各区的划分，完全是以民族为单位的，计有：乌兹白克（Uzbek）、塔吉克（Tajik）、土可曼（Turkman）三个共和邦；可萨克（Kazak）及吉尔吉斯（Kirghiz）原为自治州，后亦改为共和邦。此外尚有喀拉喀尔巴克（Kara-Kalpak）自治州，则包括于乌兹白克之内。"[3]持同样观点的还有1942年的《退到中亚细亚去》一文，该文认为"中亚细亚位于亚细亚之中部，北接西伯利亚，西北连欧俄，西濒里海，

---

[1]《地学杂志》第2卷第11期，1911年，第18~20页。
[2]《译刊》第1卷第1期，1940年，第59页。
[3]《长风》第2卷第1期，1940年，第77~78页。

第二章　连续性与断裂性

南界伊朗、阿富汗，东南与我国新疆省接壤，为一完全腹地。中亚细亚之面积人口，以政治区域为标准，即包括整个哈萨克自治共和国及南部各共和国、各自治共和国，计面积三百九十八万二千八百方公里，约得苏联全国五分之一强，人口计一千五百四十余万人，尚不及苏联全国人口之十分之一，密度甚稀，平均每方公里不足四人，但该地的天然资源，蕴藏极丰"。[1]

在同一年的《中央亚细亚》杂志创刊号中，有《中央亚细亚概观》一文，作者在文中自述写作目的："当亚洲人自决潮流澎湃之今日，余本诸亚洲人自力团结之精神，将中亚之概况介绍于国人，使国人了解此等地方而加注意，则笔者之愿即已称足。"他进而写道："中央亚细亚之名称，有广狭二义。普通所称之'中亚细亚'或'中央亚细亚'，乃专指以咸海、里海为中心之亚细亚中心部凹地，此乃地理学上所用之狭义中亚细亚，仅包含北方之启尔吉斯草地，本部之土耳其斯坦，南部之土兰平原，及中部西部之咸海、里海而已；而本题所谓之中央亚细亚，乃包括上述之中亚细亚、新疆、伊犁、青海、西藏、蒙古等地之广大地域，此乃广义之中央亚细亚，吾人竟称之为'中部亚细亚'可耳。此广大地域，约占北纬三十度以北、五十度以南，东经五十度以东、一百二十度以西之位置，面积约占亚洲全面积三分之一，即一四七七〇〇〇〇方公里，合中国里约四一七〇〇〇〇方华里。"该文并以（狭义上的）中亚细亚、新疆、伊犁、青海、西藏、蒙古分别加以介绍说明，并指出"中亚细亚地方，除中部为咸湖、盐荒地及沙漠外，其余之周边地方，均为良好之农牧地，而尤以河川沿岸山麓地方，为最丰饶之农牧带。牧畜之外，最适于耐干植物之栽培，与外高加索同为苏联唯一之低

---

[1]《国民新闻周刊》第46期，1942年，第17~18页。

纬温暖地，棉、麦、毛、皮革等之国防资源之重要出产地也。常人对于中亚细亚所抱'苦寒地'之观念，实则大谬不然者也。俄人不独在资源上重视此地，且对其边疆之经略上，亦极重视此地"。[1] 该文可以说较为明晰地界定了中亚的范围，将中亚分为广义与狭义，广义上的中亚与国际学界的"内陆亚洲"（Inner Asia）范围接近，不仅包括如今的中亚五国区域，还包括当时中国的新疆、蒙古、西藏、青海等地，而狭义上的中亚则专指苏联中亚地区。

值得注意的是，在这一时期，由于研究视角和关注领域的差异，有些研究者依然对中亚这一概念有着不同的看法。例如王寒生在其《中国与中亚细亚》一文中就认为："中亚细亚在昔日为康居、大月氏、大夏、安息、大秦等国，今日为阿富汗、伊朗、阿拉伯、地中海东岸克利特岛及俄属西土耳其斯坦。若从实际讲，西土耳其斯坦一带为中亚细亚是不通的。所谓亚洲者，它的疆域北至北冰洋，南包南洋群岛，东抵白令海峡，西至土耳其。试看地图便知亚洲的中部实在中国陕甘一带，外国学者以前不明了亚洲的面积，认西土耳其斯坦为中亚细亚，正如外国学者以蒙古人代表整个中华民族同一道理……中亚细亚本不是亚洲的中部，亚洲的中部原在中国。"[2] 在这种情况下，中亚甚至就是一个错误的名称，亚洲的中部应该在中国。

总体而言，在清末民国时期，国内知识界对于中亚的具体范围有不同的看法，中亚这一称谓本身也存在"中亚细亚""中央亚细亚""中部亚细亚"等不同的竞争性名称，而"中亚"一词在使用中逐渐胜出，成为今天人们广泛采用的用法。从时间轴上看，国内对中

---

1 王谟:《中央亚细亚概观》,《中央亚细亚》第1卷第1期，1942年。
2 王寒生:《中国与中亚细亚》,《新中华》复刊第7期，1943年，第113~121页。

第二章 连续性与断裂性

亚所指涉范围的认知存在一个大致的变迁过程：在清末时期，中亚主要指波斯、阿富汗地带，有时甚至指以印度为主体并受其影响的周边区域；民国时期，知识界对俄属中亚和后来苏联中亚地区的认知逐渐清晰，该区域逐渐成为狭义上中亚的基本范畴，当然，即便是在这一时期，依然存在着其他对中亚范围的不同看法。

作为一个至今在学术界尚未形成共同界定的区域，中亚在历史和当代的重要性在很大程度上由于其边界的模糊性而被忽视，同时使得我们对于这一区域的认识一直处在一种"黑洞化"的状态中。也就是说，这一区域一方面像传奇之地一样始终吸引着我们的兴趣和目光，另一方面则无情地吞噬着我们对于这一区域的美好想象，这是一块希望与失望并存之地，也是一块魅力与斥力并行之地。[1] 正是在这一过程中，我们对于中亚的认知始终在发生着变化，很难说存在着一个全然不变的中亚形象。近代以来中国知识界对于"中亚"的具体内涵的认知也就很自然地会出现变动，而这种变动又进一步影响着近代中国知识界对于更大范围内的周边与外域的认知，并反过来影响着我们对于中国本身的认识。因此，我们必须时刻注意中亚认知中的动态性，这种动态性是中亚自身的常态。

此外，中国在历史上与中亚一直存在着密切的政治、经济和文化联系，并且长期以来在传统知识体系中形成了某种范式性的"西域"认知，近代则随着西方知识体系的强势渗入而出现了认知领域的近代转型，对中亚概念及范畴的认知也随之出现新的变化，而这种新变化又进一步影响着现当代中国对于中亚的整体认知。因此，在重新面对中亚与中亚问题的时候，我们还必须注意到中亚认知中

---

1 Andre Gunder Frank, "The Centrality of Central Asia," *Studies in History*, Vol. 8, No. 1, 1992, pp. 43-97.

的语境问题，尤其是中亚认知中的中国历史关联性问题。以中国为本位，这是中国的中亚研究与欧洲中亚研究、美国中亚研究、日本中亚研究不同的地方。

此外，近代地缘政治中日渐崛起的民族国家结构及其边疆－边界的明晰化，也使得近代中国知识界在看待和认识"中亚"的时候，一方面往往将其与传统的"西域"认知联系起来，另一方面则较"西域"有更明确的外域或外国认知，从而形成更具有边界性的、中国之外的"中亚"概念和范围认知，这种认识随着对苏俄／苏联中亚政治与经济形势的介绍而日渐清晰，最终又反过来促使国人形成了对本国西部地区界限更为清晰的认识。可以说，从历史角度而言，近代中国知识界对于"中亚"概念范畴的认知变迁摆脱了传统的西域视野，开始采用地缘政治的视角，成为接续后来国际关系研究路径下的中亚主流认知的概念基础。

总之，梳理近代中国知识界对于"中亚"概念范畴的认知过程，不仅能够使我们更好地认识这一在"一带一路"倡议中日益重要的区域，而且能够使我们形成对中亚更为完整和更为连贯的认知。在中国走向世界舞台的过程中，在中国对外知识视野形成极大新需求的当下，这种完整而连贯的认知显得尤为迫切。

中亚认知背后的知识框架

不管是从历史层面看，还是从认知内容上看，在中国对外部世界区域的认知中，中亚空间的呈现方式更具波动性。这在很大程度上要归因于欧亚大陆本身数千年来的历时性变迁，尤其是在地理大发现时代世界地缘格局的转变中，长期以来作为世界历史舞台的欧亚－非大陆及其代表性的陆地文明逐渐被海洋力量超越，曾经作为欧亚大陆东西两端文明交流中介区域的中亚也逐渐丧失其长期以来的中心性,世界历史的主角开始转向外围、海洋与西方。在这样的背景下,我们必然面临一个如何重新发现和认识中亚的问题。

"中亚认知"的重新确立并不是个简单的过程,在其背后存在着一些理论和实践层面的困境,需要我们去分析和思考当代中亚发展过程中存在的连带性问题。张蕴岭先生曾经指出,中国历史上"长期积累和发展的这种区域性互动关系对于中国区域观的形成具有非常重要的意义。我们至少可以从以下三个方面归纳它的重要性:一是区域的地缘视野,始终把周边地区作为基础;二是把周边地区作为利益攸关区;三是与周边国家和地区形成一套相处的规则和行为方式。所谓'君临天下',其核心价值是要对与中国密切相连的周边国家负责"。[1]可以说,不管是从中国本身还是从世界角度出发,中亚都在事实上成为中国区域观的重要组成部分,并以近代以来从未有过的方式影响甚至改变着我们既有的认知与框架。

中国古代对于中亚区域的认知有其历史记述层面上的丰富性,同时必然打上了历史和时代的烙印,存在着单一"中原"观的限制,因此在回望的时候有必要结合其他文明对中亚的叙述来综合分析和思考,这样才能对中亚本身有更为清晰的认识。而到了近代,随着中亚成为帝国主义争夺的舞台,这一区域的政治、经济与社会变迁也越来越多地成为国际关注的议题。随着中亚大部分区域成为俄国以及后来苏联的组成部分,我们对这一区域的看法又成为俄国研究和苏联研究的一部分。如今随着中亚各国的独立,我们在新的环境下重新认识这一地区,就有必要超越原先的历史叙述以及国际

---

[1] 张蕴岭:《中国的周边区域观回归与新秩序构建》,《世界经济与政治》2015年第1期。

关系认知，以更为全面和连续的视角去看待和认识中亚，在此基础上形成我们新的"中亚认知"。[1]

中国视域与"西域－中亚"框架

从历史的维度来看，一个国家对外认知框架的形成，需要时间的沉淀，更需要适应周边地缘环境的整体变迁，至少需要近百年的过程。它既是本国知识界域外视野日渐深化的过程，也是该国与周边及域外邻国政治、经济和文化关系逐步推进的过程。作为一个具有众多邻国的东亚大国，中国在认识自身内部区域的同时，逐渐形塑了对外部世界的认知。在古代，中国对外域的认知较为有限，对域外世界的了解从总体上服从于国内政治与思想秩序的需要，存在一种内部秩序决定外部行为方式的传统。顾颉刚、童书业先生曾撰文指出："战国以前中国人的世界观念是非常狭小的，他们不大理会四边的情形；在那时只有一种空泛的'九州'和渺茫的'四方'的世界观念。到战国后才有具体的'九州'和'四极'说出现，这种'九州'和'四极'所包括的世界约同宋明两代的中国差不多大。直到战国晚年，才产生出理想的大世界说——'大九州说'和'大四极说'与'海外三十六国'等记载——来，那是受了域外交通和哲学思想，以及天文学等的影响而成立的。古代的域外交通以东西两方为盛，因域外交通而构成了昆仑和蓬莱两个神话里的地名，更因此而反映出上古西方交通的一件大故事——周穆王西游的故事——来。"[2]

但总体而言，中国在欧亚大陆东侧所处的独特环境因素，使其

---

[1] 袁剑：《"一带一路"知识视野下的"中亚认知"》，《北方民族大学学报》2016年第2期。
[2] 顾颉刚、童书业：《汉代以前中国人的世界观念与域外交通的故事》，《禹贡》第5卷第3、4期合刊，1936年。

第二章 连续性与断裂性

在域外认知方面形成了自身的特色与传统。如邹振环先生所言："中国古代关于域外的文献大致可以分为以《山海经》为代表的幻想系统和以《诸蕃志》为代表的藩属系统。《山海经》在海外南、西、北、东经中所罗列的交胫国、反舌国、三首国、三身国、一臂国、奇肱国、一目国、深目国、无肠国、大人国等，尽管国人深知该书属于幻想的产物，但对后代的创作影响深远。宋代赵汝适的《诸蕃志》堪称第一部较全面地反映世界地理的著作……而这一系统的关于域外的著述都是由国人根据道听途说的材料，在'天朝中心主义'的'虚幻环境'内完成的——是以中国为中心、周边藩属为边缘所形成的藩属系统的地理沿革考订和风土人情的记述。因此，在上述两个系统的文献中，很难找到一个真实和具体的'异域'。"[1] 而与此同时，在这一时期历代正史的叙述中，人们对于域外的认知主要服从于大一统秩序的现实需求，往往围绕中原王朝与周边政权的相互关系展开。"现实关联性"构成了中原政权关注周边力量的最主要动力，并在正史叙述中得以展现。

这种"现实关联性"，在古代的周边地缘政治方面，还以其他的形式得以呈现。以唐朝-吐蕃关系为例，陈寅恪先生指出："李唐承袭宇文泰'关中本位政策'，全国重心本在西北一隅，而吐蕃盛强延及二百年之久。故当唐代中国极盛之时，已不能不于东北方面采维持现状之消极政略，而竭全国之武力财力积极进取，以开拓西方边境，统治中央亚细亚，借保关陇之安全为国策也。又唐资太宗、高宗两朝全盛之势，历经艰困，始克高丽，既克之后，复不能守，虽天时地势之艰阻有以致之，而吐蕃之盛强使唐无余力顾及东

---

[1] 邹振环：《晚明汉文西学经典：编译、诠释、流传与影响》，复旦大学出版社，2011，第286~287页。

北，要为重大原因。此东北消极政策不独有关李唐一代之大局，即五代、赵宋数朝之国势亦因以构成。"[1] 可以说，唐代乃至之后历朝的西南、东北政策取向，都与其先前的西北（西域）政策有着直接的关联。

进入蒙元时期，随着成吉思汗及其子孙在整个欧亚大陆的军事胜利，传统中原王朝在对外政策层面这种既有的"现实关联性"结构被彻底重置。中亚在蒙古力量的控制下，有效地扮演着欧亚之间人员、货物来往枢纽区域的角色："在蒙古统治中亚这段时期里，商业和贸易发展的整体状态已经是经济全球化兴起的表现。丝绸之路再次复兴，沿途出现许多重要的商业贸易中心，边陲小镇也能够通过集市与遥远、陌生的外部世界建立联系。在蒙古宗主国的庇护下，各种各样的商业团体在亚洲、欧洲诸国设立营业点和代理商，沉浸在一片繁荣的商业活动之中。"[2] 可以说，"亚洲和欧洲遥远的陆地上的货物交换为商人和他们的蒙古保护神带来了繁荣。蒙古这个游牧民族很快体验到城市定居生活的益处，并最终选择了这种生活方式。最终，蒙古帝国分崩离析形成不同的新兴帝国，其中以乌兹别克斯坦、莫卧儿和奥斯曼帝国最为强盛"[3]。之后的明清时代，随着帖木儿帝国、奥斯曼帝国和俄罗斯帝国的渐次崛起，西亚和中亚被帝国势力所控制，欧亚大陆之间曾经的频繁互动逐渐消退。但与此同时，新的世界态势正在形成，趁着西方殖民帝国大扩张的步伐，传统的世界力量重心历史性地由内陆转向外围，从陆地转向海洋。它从根本上打破了传统中国视野下游牧与农耕力量之间的周期

---

[1] 陈寅恪：《唐代政治史述论稿》，生活·读书·新知三联书店，1957，第133页。
[2] 〔印度〕古拉提：《蒙古帝国中亚征服史》，刘瑾玉译，魏曙光审校，社会科学文献出版社，2017，第150页。
[3] 〔印度〕古拉提：《蒙古帝国中亚征服史》，第164页。

第二章 连续性与断裂性

性关系框架，进而也影响到以这种周期性关系框架为基础的外围想象和认知，其中就包括中亚区域。

从作为现实地域存在的中亚本身到中国视野下的"中亚问题"的凸显，19世纪是一个重大转折。我们注意到，清朝后期经历了一个对西域认知的分化过程，即开始将河西走廊以西直至欧洲的广大区域的广义西域认知，转变为更为明晰化的狭义西域（新疆地区）以及作为域外的中亚地区的认知，并最终随着近代民族国家的形成，关于疆域空间的理念日益深入，传统的"西域"认知在新的时代背景下逐渐消解，继而转变为关于作为国内组成部分的中国新疆地区和作为国外区域的中亚的分类认知。[1] 在这个时代，曾经作为中国对外秩序基本结构的朝贡网络日趋解体，取而代之的则是在东南、西北、东北等各个地理方向上，在各帝国主义列强外来压力的侵扰之下，经由政治、军事等博弈而被迫承认和接受的近代民族国家与国际关系框架。在这个过程中，一方面，中亚地区成为英、俄帝国力量的重要争夺区域，最终大部分区域被俄国吞并，成为俄国连贯性疆域版图的一部分，从而形成了近代中国周边区域的独特现象，即中国的其他周边区域基本上成为列强的殖民地，而中亚则成为与俄国本土连成一体的区域；另一方面，当时的中国西北地区因阿古柏之乱等，处于政治与社会动荡当中。两相对照，就形成了更为明显的"彼""我"认识图景，中亚尽管已经退出了丝绸之路大辉煌的舞台，但在当时的地缘政治背景下，却成为中国对外认知的一面镜子，折射出近代中国在面对自身困境时，对周边区域历史走向的关注与思考。从这时起，"西域"话语退回到历史文献当中，

---

1 袁剑：《"中亚"在哪里？——近代中国人笔端下的"中亚"范畴变化》，《文化纵横》2017年第2期。

"中亚问题"在现实政治中全面呈现。这是中国中亚认知过程中的第一次整体性断裂。

纠结的"他者": 近代语境下的中国中亚认知

认知问题,本质上是一种分类问题。到了近代,随着西方地理学知识的传播以及殖民探险的推进,人们对于世界各大区域内部空间的认知逐渐充实,在西方知识框架中那些未知的"空白地带"被一块块填满。近代中国在域外认知上也逐渐受到这些西方"域外者"观念的影响,开始对周边和域外各国的情况有了更多基于西式分类的认知。这种情况,正如钟叔河先生在"走向世界丛书"总序中所写的那样:"林、魏之后,中国才开始有读书人走出国门,到欧美、日本去学习、访问和工作。容闳、王韬、郭嵩焘、黄遵宪和严复等人,要算是最早的。接着出国的人渐渐多了起来,尽管其中不少是奉派而去的政府官员,但既然去了,就不会不接触近代—现代的科学文化和政治思想,也就不可能不在中国发生影响。"[1] 在这一过程中,受外部知识引介渠道的影响,国内近代知识界对外域的认知主要围绕当时的欧美列强展开,而对俄国来说,主要关注其欧洲部分的情况。此外,对其他周边国家的国情介绍则主要集中在朝鲜、日本、暹罗(泰国)、阿富汗等国,对于其他区域国家的认知还较为缺乏。

我们注意到,在殖民时代认知世界的过程中,西方殖民者逐渐形成了对于东方世界的认知,并确立起"西方"高于"东方"的分类倾向。"东方问题"在这个过程中,既被用来指称欧洲内部的巴尔干问题,也被用于指称俄国问题。俄国在整个近代都被看作欧洲

---

[1] 钟叔河:《从东方到西方——〈走向世界丛书〉叙论集》,岳麓书社,2002,第4页。

的"他者",这导致在英俄争夺中亚的"大博弈"过程中,随着俄国逐渐掌握主导权并最终吞并中亚大部分区域,中亚也从一个历史意义上的"东方"转变为一个欧洲"他者"的边缘性组成部分。在当时中国的对外知识视野中,这一区域既附属于俄国,又与中国历史有紧密关联。对此,1894~1895年受命出使俄国的王之春就这样描述俄属中亚的情况:"其里海部地本膏腴,然陆地四塞,人民五方,鞑靼里之遗孽今虽衰替,然蒙回情性易变,非绥之以德意,柔之以文教,未易治也。喀复喀斯部本匈奴遗种,即唐突厥之可萨部,颇长武力,亦如我中国之锡伯、索伦,而部众顽梗,犹未尽洽于海米勒之治化……俄其尚知此意乎?"[1]可以说,这一区域对当时的近代中国而言形成了一种既与历史相连,又成为域外列强一部分的内在紧张,构成了一种所谓中国的"他者"形象。在这种欧洲与中亚、中国与中亚的对视中,作为"他者"的中亚成为既折射欧洲和西方,又衡量近代中国的重要对象。

此外,我们还应注意的是,近代中国的政治和思想转型,在文化层面改变了知识阶层的认知框架,专业化开始具有更高的地位。正如列文森所指出的:"当国家代替文化而开始成为中国人关切的焦点时,要求废除科举制度(1905年终于被废除)的呼声也不断增长起来。作为一种占统治地位的,并使官吏不能获得保卫国家所需要的有用的专业知识的文学形式,八股文越来越受到人们的批评。中国作为国家的概念正在发生变化,即从原来官绅文化繁荣时期的'天下'概念变成了一个民族的概念。随着国家概念的变化,官僚教育的目的也相应地发生了改变。这意味着在韦伯看来与资本主义以及职业化取向相对立的美学价值和儒家君子'自我满足'时

---

[1] 王之春:《使俄草》,岳麓书社,2016,第121页。

代的结束。"[1] 由此而来的是，近代真正意义上处理外交事务的专门机构——总理各国事务衙门正式创立，并取代理藩院处理对俄事务，一批受过专门培训的官员开始进入对俄事务处理领域中。

1917年相继爆发的俄国二月革命和十月革命，使中亚的这种"他者"角色产生了某种意义上的激变。作为俄国范围内被动反应的区域，包括民族识别、加盟共和国划界在内，诸多新知识与新分类对包括欧洲和中国在内的世界产生了巨大影响，后续影响甚至波及当时英法等国在亚洲的殖民地改革事务（如印巴分治等）。与此同时，中亚在苏联建设中的高速发展以及对苏联卫国战争的巨大支持，也成为当时中国知识界广为关注的议题。这个急速变动的"他者"、令人纠结的"他者"，形塑着近代中国对中亚认知的基本图景与变化趋势。

理解"连续性"：从旧"中亚"到新"中亚"

中国总是在关注周边的过程中反观自身，也始终以周边的经验教训来回望自身。杜赞奇提醒我们："中国作为一个统一国家而进入现代，这被我们视为一个显而易见的事实，结果，其背后的意义反而为我们所忽略了。尽管很多人谈到过'中国的分裂'或中国被列强所'瓜分'，然而，由中央政府统治的单一中国国家的现实和概念，却经历了军阀混战、外国侵略和内战而生存了下来。在早期地方自治实验的整个过程中，各省份和都市的许多政治活动家们是用民族危亡的语言来表述自己的行动的。甚至在军阀混战的动乱岁月

---

[1] 〔美〕列文森：《儒教中国及其现代命运》，郑大华、任菁译，中国社会科学出版社，2000，第36页。

中,从来没有什么将某一省份分离出去的行动或建立邦联的建议,能够同中国人民关于国家统一的压倒一切的向往相匹敌。"[1] 这种对本国疆域与政治的统一性认知,使中国知识界在对 20 世纪以来中亚的社会与政治转变的认知中形成了自身的特性,并塑造了认识框架中的旧"中亚"与新"中亚"的断裂性格局。

所谓旧"中亚",这里指的是俄国尤其是苏联治理时期的中亚,这是一种附属于苏联统一体的、具有内部联系畅通性的 20 世纪 20 年代至 1991 年的中亚结构。这种认知结构,附属于对苏联的认知,并以"苏联问题"的形式被囊括进来。在二战结束,尤其是 1949 年新中国成立之后,随着国际关系格局的巨大变革和中苏关系的后续发展,"苏联问题"也从一个世界革命阵营的问题转变为一个与"第三世界"相对的问题。与之相应,中亚也从苏俄革命话语下联系俄国本土革命与远东被压迫民族与殖民地的桥梁和纽带,转变为某种程度上影响中国西北局势的工具,更成为使苏联深陷阿富汗战争泥潭的跳板与通道。

1991 年底中亚五国的相继独立,折射着二战后地缘政治格局的重大转变,作为世界两强之一的苏联以联盟国家彻底解体的方式,将一个世纪之前英俄"大博弈"的胜利果实几乎全数吐出,这意味着原本从属于苏联内部秩序的中亚区域越出了国内秩序层面,开始进入世界秩序领域,体现在中国的认知框架中,则形成了某种程度上依然在发展的新"中亚"。如果我们观察中亚五国庆祝独立的时间点(1991 年底)和同样脱离自苏联的波罗的海三国庆祝独立的时间点(1917 年或 1918 年),就可以发现,这种新"中亚"的出现,

---

[1] 转自〔美〕孔飞力《中国现代国家的起源》,陈兼、陈之宏译,生活·读书·新知三联书店,2013,第 121 页。

实际上代表着中亚五国国际政治时间"开始"于1991年底，而不是1917年或1918年。它是以中亚五国作为独立政治单元的正式出现以及统一中亚社会、经济和政治空间的瓦解为前提的，是以脱离苏联统一经济空间和内部分工格局进而全面参与全球分工体系为方向的。我们对中亚认知层面上的诸多"连续性"断裂，正是在这一历史过程中得以显现的。

对中国而言，中亚五国的独立，意味着原本附属于中苏关系的中国与苏联中亚地区的关系正式转变为新的对外关系；同时，由于中亚五国与中国西北边疆地区存在漫长的边界线以及民族、宗教方面复杂微妙的联系，因此，在原先的"苏联问题"基础上，形成了以中亚国家为主体和对象的新的"中亚问题"。可以说，这是中国在二战后所面临的一种全新的区域性周边态势，也是区域方向上所面临的最大地缘政治变迁，与原有的"东北亚问题""东南亚问题""南亚问题"等相区别。而折射到中国的对外认知领域，则形成了鲜明的特殊性：一方面，作为与中国西北边疆相邻的区域，其在中国的历史认知层面曾被长期关注，甚至在某些阶段其部分区域还曾纳入中央王朝的边疆治理范围，因此我们对这一区域具有某种历时性的认知与传统认知图景；另一方面，由于中亚古代、近代与现代的政权区域范围并不重合，也往往不存在一以贯之的延续性，尤其是苏联在中亚进行的民族划界，将原有的汗国结构彻底打碎，进而在区域民族语言文化基础上形成新的中亚各共同体认同，因此可以说，中亚区域的历时性变迁以及当代中亚各国本身历史（民族国家史）的历时性变迁无法形成一种具有整体连续性的叙述，进而使其在与中国关系的外部表现方面，呈现出一种复杂的表现形式，即其"在当代政治事务中的新生性与其在历史传统中的古老性并存，以此就不同于那些国名一直延续至今的老牌国家，如英国、法国、德国、日本等,也不同于二战之后摆脱被殖民状态,实现独立的国家,如印度尼西亚、马来西亚、非洲的诸多国家等,更不同于与中国长期共享历史并逐渐形成自身主体性的国家,如蒙古等国",[1]从而在与中国古代历史的部分互嵌性及中国现当代历史的完全脱嵌性之间形成了历史认识与现实认知之间的新"断裂"。这也成为我们如今在面对中亚五国的历史与现状时,在认知层面所呈现的基本特征。

中亚认知的时代变迁及其旧有逻辑,在某种程度上决定着我们的周边视野及其未来趋向。中亚历史依旧在发展,未来的道路如何,取决于其外部环境与内部机制,但可以肯定的是,中国倡导的超越以往任何地缘和政治纽带的"一带一路"倡议,已经史无前例地影响了苏联解体后的中亚各国,并在某种程度上让我们看到了重新理解中亚的可能。

---

[1] 袁剑:《中国近代知识视野中的哈萨克斯坦——以清末民国时期国内报刊的记述为例》,《西北民族研究》2016 年第 2 期。

第三章　草原之域：哈萨克斯坦的历史论述与形象构筑

问题与思考

1991年底，随着苏联解体和哈萨克斯坦正式独立，后者开始以全新的身份参与到国际关系与国际秩序中，并凭借其重要的地缘位置在中亚和国际事务中扮演重要角色。与此同时，作为一个与中国相邻的世界上最大的内陆国、领土面积居世界第九的大国，哈萨克斯坦对于当代中国的稳定与发展同样具有十分重要的意义。因此，在当代中国的对外视野中，尤其是随着"一带一路"倡议的逐步推广，哈萨克斯坦因其在中亚的重要战略位置以及与中国接壤的独特性，正成为中国重新构建对外认知新视野中的重要节点国家，其当代价值也正日渐受到关注与重视。

值得注意的是，哈萨克斯坦在当代政治事务中的新生性与其在历史传统中的古老性并存，因此不同于那些国名一直延续至今的老牌国家，如英国等，也不同于二战之后摆脱被殖民状态实现独立的国家，如印度尼西亚、马来西亚、非洲的诸多国家等，更不同于与中国长期共享历史并逐渐形成自身主体性的国家，如蒙古等国。可以说，历史与现实形成了观察和认识哈萨克斯坦的两大基本维度。作为哈萨克斯坦的历史与当代邻国，中国既在历史上存在着与哈萨克汗国以及作为俄国－苏联一部分的哈萨克斯坦的交流互动关系，又在苏联解体后形成中哈之间实质性的当代双边交流关系，这两个层面都在积累并形塑着中国视野中的哈萨克斯坦形象。

但历史总是具有连续性的，当我们在分析和认识哈萨克斯坦在当代中哈关系史中的具体图景，尤其是当代哈萨克斯坦在知识界中的形象时，历史的图景本身必然是一个无法回避的内容，也是形成中国关于当代哈萨克斯坦认知图景的重要基础。因此，在这种认知的连续性过程中，我们就十分有必要去梳理和分析当代之前的中国的哈萨克斯坦认知图景，尤其是中国近代知识视野中的哈萨克斯坦形象。在此基础上，我们才能进一步丰富自身对于哈萨克斯坦的多方面认知，才能进一步建立起对于哈萨克斯坦的整体性认知，进而形成具有连续性与整体性的中国"哈萨克斯坦观"。

近代历史语境

哈萨克斯坦本身既古老又年轻的国家特质，在某种程度上使外界对于这个国家的认知形成历史与现实两种维度的取向，而且在具体的实践中,这两种维度之间往往还存在着某种竞争与冲突。此外,作为一个与中国相邻的重要国家,其本身主体民族哈萨克族与中国国内的少数民族哈萨克族之间的复杂的跨界民族特性,更是深刻影响了中国在各个历史时期对于哈萨克斯坦的认知。在这当中,中国在近代(清末与民国时期)对于哈萨克斯坦的认知具有较为鲜明的代表意义。

在讨论这一议题之前,我们有必要简要地回溯哈萨克斯坦在近代的政治变迁史以及同时期中国的政治变迁情况,在此基础上才能形成一个哈萨克斯坦与中国政治与社会变迁的同时性图景,从而更为客观、全面地了解哈萨克斯坦形象在中国语境中变迁的时代背景。

哈萨克斯坦尤其是"哈萨克"这一名称的正式确立,可以追溯到15世纪中叶建立的哈萨克汗国,当然,哈萨克民族的形成要早得多,并且因地域、政治等因素而形成了传统的大、中、小三玉兹。在1718年头克汗去世之后,哈萨克汗国逐渐陷入分裂,并受到当时正在崛起的准噶尔和俄罗斯帝国的双重压力。1729年,哈萨克联军在安拉凯战役中击败准噶尔部势力,稳定了局势,但与此同时,俄国力量趁机入侵哈萨克土地。1732年,哈萨克小玉兹的阿布勒海尔汗因内外形势所困,归附俄罗斯。而清廷于18世纪中叶平定准噶尔,之后为追剿准噶尔残部,清军进入中玉兹和大玉兹区域,与当地的哈萨克首领产生了密切的政治联系。

从18世纪到19世纪60年代,俄国逐步征服并控制了整个哈萨克斯坦地区,也恰恰是在这一时期,清朝的统治逐渐走向衰落,其东南地区开始受到来自英国等殖民力量的入侵,源自华南地区的太平天国运动又进一步威胁到清廷在中原地区的统治秩序,使其对西域事务无暇顾及。也正是在这一时期,俄国逐渐将其统治秩序拓展到整个中亚地区,通过军事部署对清朝西北边疆形成巨大压力,并在哈萨克人问题上与清廷形成激烈交锋。随着1864年《中俄勘分西北界约记》及1881年《中俄伊犁条约》等几次划界,留在中国境内的哈萨克族裔以克烈、乃曼、瓦克、阿勒班、素宛以及托热贵族等几个部落为主,其中尤以克烈、乃曼部落的人数为多。[1]在这之后,其余哈萨克人生活的地区全被纳入俄国版图。

1917年的俄国十月革命极大地改变了哈萨克斯坦的政治与地缘格局,在"十月革命后,中亚各民族共和国的划分带有很大的政治因素和人为因素,与当地的民族分布不相适应,其特点是每一个中亚民族在任何一个中亚民族共和国内部都未构成人口的多数。苏联的建立,也为中亚各民族国家按照不同民族分布和他们的愿望重新划定彼此的分界创造了条件",[2]最终便形成了当今中亚五国的基本结构,而哈萨克斯坦在这一过程中也经历了较为复杂的政治与行政变革。1922年12月30日,第一次全俄苏维埃社会主义共和国联盟代表大会召开,通过了苏联成立宣言和联盟条约,首批加入苏联的为俄罗斯联邦、外高加索、乌克兰和白俄罗斯四个加盟共和国。当时的哈萨克斯坦仍以"吉尔吉斯社会主义自治共和国"的名义,作为俄罗斯联邦的一部分存在。1925年4月,吉尔吉斯社会主义自治共和国更名为哈萨克苏维埃社会主义自治共和国(仍属俄罗斯联邦),1928年,其首府从克孜尔-奥尔达迁至阿拉木图。1936年,哈萨克苏维埃社会主义自治共和国改名为哈萨克社会主义加盟共和国,从该时一直到1991年底,中哈关系完全服从于中苏关系的总体安排。

---

1 苏北海:《哈萨克族文化史》,新疆大学出版社,1989,第34页。
2 厉声、石岚:《哈萨克斯坦及其与中国新疆的关系》,黑龙江教育出版社,2014,第283页。

在这一时期，阿古柏在西域发动叛乱，清廷命左宗棠前往平叛，后者于1878年收复阿古柏侵占的天山南北地区，并在1882年迫使俄国正式归还伊犁地区。清廷为更好地处理西域军政事务，1884年在新疆建省。随着1911年中国辛亥革命的爆发，清朝统治土崩瓦解，中华民国继承了清朝的疆域版图，也就相应地继承了与哈萨克斯坦的地缘与政治关系。但由于新疆偏处西北，杨增新、金树仁、盛世才等先后掌握当地实权，直至盛世才于1944年被调至南京，民国政府才更多地掌握当地控制权。在盛世才掌控新疆的十年里，他最初利用苏联来维系自己在新疆的控制力，在苏联卫国战争爆发后又与苏联公开决裂，倒向国民政府。在中国抗战后期，苏联再次介入新疆事务，并在1944年制造了伊塔事件。在这一时期，哈萨克斯坦成为苏联开展对华相关行动的前哨站，也是当时中国新疆与苏联联系交往的中间纽带。

国内知识界的哈萨克斯坦认知

随着俄国势力逐渐深入中亚地区，以及清朝对西域事务的关注，当时的国内知识界开始形成对哈萨克斯坦的初步认知。在这种初步的认知当中，既有对哈萨克人历史与文化的描述，也有对当时俄国势力进入并控制哈萨克斯坦相关情况的报道，但总体而言，与关于其他列强如英国、法国、日本等国的信息相比，甚至与俄国欧洲地区和远东地区的信息相比，关于当时俄属的哈萨克斯坦的信息还是十分零星的。

1879年的《万国公报》记述了哈萨克人反抗俄国压迫的情况。文中指出："俄京来信，谓哈萨克地方向为中国疆土，为俄人勒令隶入版图者也。今哈萨克有人见伊犁与喀什喀尔情形，遂纠约一千五百人，各持军械，保护老小，暗投华营。驻扎界内俄人知之，发兵截其去路，不准前进，因寡不敌众，俄兵死者二十六人，受伤者十三人，哈萨克人又将俄兵中战马砍伤一匹，以刀剁而誓之曰：永不为俄人凌辱矣。俄营中将军得此风信，遣炮队追之，而哈萨克人已全行奔出俄界云。"[1]这是对当时俄国势力逐步控制哈萨克斯坦，进而蚕食中国西北边疆状况的一种侧面叙述。在这种叙述中，哈萨克人不堪俄国控制的心态表露无遗。

随着俄国十月革命及其在俄属中亚地区的后续影响逐渐铺开，当时的中国对这一北方邻国的认识也逐渐增多，其相关的革命思想与实践被大量译介到国内，成为新文化运动中的一股重要潮流。值得注意的是，这一时期对苏俄信息的引介，涉及的主要是革命思想以及苏俄欧洲部分和远东部分的信息，对于苏俄中亚部分基本没有相关的介绍。

1922年苏联的成立是当时政治史上的一件大事。哈萨克斯坦作为苏联的一个加盟共和国，中国知识界对其的认知被包含在对于苏联的整体认知当中，在某种程度上被遮蔽了。当时的民国外交部驻苏联新西比利亚（即新西伯利亚）总领事馆在1935年《外交部公报》上刊载题为《哈萨克斯坦之开拓》的报告，这是民国时期报章首次正式向民众介绍哈萨克斯坦的相关情况。文中指出："哈萨克斯坦，一名哈萨克自治共和国，其东北境为我国新疆旧壤，西临里海，隔海与高加索相对峙，南接塔德延因、乌兹拜克及土耳克门三共和国。土地广大，在苏联境内，位次雅库次克自治共和国而列第二，奄有二百余万方里，人口稀少，仅达七百万人。帝俄时代，视哈萨克斯坦为边陲地方，对于教育实业，极少注意，仅视为原料供

---

[1]《万国公报》第537期，1879年，第20页。

给区域而已。苏联政府成立后，即努力开拓。"[1] 从这些记述中可以发现，即便是外交部门，当时对于哈萨克斯坦的认识程度也非常有限，其周边一些加盟共和国的名称如塔德延因、乌兹拜克、土耳克门也跟如今的塔吉克、乌兹别克、土库曼斯坦有所不同。

随着中苏建立正常外交关系，尤其是在第二次世界大战中盟友关系的影响下，20世纪40年代中后期国内出现了更多关于哈萨克斯坦的信息，这一方面反映了当时中苏关系的紧密程度，另一方面也表明了中国知识界对于中亚地区的知识需求正在增加。例如，有一篇文章就将哈萨克斯坦与中国的西南各省做了类比，它们在第二次世界大战中各自成为苏联和中国的战略大后方："哈萨克共和国的首都，名字很怪，叫做'阿尔玛·阿塔'，那里地势很高，附近的山上常有雪盖着。这地方离新疆省的边界，不过一百五十英里，是西北国外交通一条必经之路。既然是一座国都，当然很热闹，这里是全国的工业中心，也是文化中心。在第二次世界大战时，这里是苏联的难民收容所，就像我们在抗日战争的时候，难民们都集中到西南各省一样。那时候，西南各省是我们的大后方。在苏联和德国打仗的时候，这哈萨克共和国便是他们的大后方……当人们不再受交通的限制的时候，那条铁路经过的地方，人口便也多了起来，农人们在开荒，把草原变成良田；工人们在开掘荒山，让山里的宝库打开门，不管是黄的金子，黑的煤块，都可以掘出来，让人们使用，不再永远埋在地下了。哈萨克人顶喜欢唱歌，他们便编了歌子赞美这条铁路。这便是'哈萨克'，我们新疆省西边的一个邻居。因为是邻居，所以目前新疆省还有不少的哈萨克人，他们有的是来

---

[1] 外交部驻苏联新西比利亚总领事馆：《报告：哈萨克斯坦之开拓》，《外交部公报》第8卷第11期，1935年，第153页。

作生意，住久了。有的就是流落在外边的。可是有很多哈萨克人，已经成为新疆人，所以在中华民族里面，也还有一些哈萨克人在内呢。"[1] 此外，文中还提到了哈萨克这一民族的跨界属性，并专门指出了中国国内生活的哈萨克人是"中华民族"的一部分。

随着中国国内对于苏联内部政治经济结构的认知需求逐渐增长，对哈萨克斯坦相关领域信息的介绍也日渐增多。在这种背景下，张西曼译介了《哈萨克苏维埃社会主义共和国宪法》，译者在按语中这样写道："哈萨克，一称哈萨，为突厥族西北支之一；据我所研究、发现，即古代'乌孙'之音译，其详可参阅本年十一月《语文月刊》五卷一、二期所载鄙著《乌孙即哈萨克考》一文。苏联十六结盟共和国之一的哈萨克斯坦共和国位于新疆北角，而民族之分布及活动，从公元前一二世纪起，即与我国发生密切关系。尤其在今日，与我国同为歼灭法西斯瘟疫及争取世界人群民主自由之得力盟友。我译此富强繁荣之盟邦宪法竟，仅以此寿哈萨克伟大诗人藏布儿（Djambul）先生。——九·一八国耻十三周年志于中国边疆学术研究会。"[2]

1947年，《瀚海潮》刊载了《饶于畜牧和石油的哈萨克共和国》一文，详细介绍了哈萨克斯坦的相关信息。文中写道："哈萨克苏维埃社会主义共和国（The Kazakh Soviet Socialist Republic）幅员广大，西自伏尔加洼地而东至阿尔泰山脉，北自西伯利亚铁道而南至天山山脉，以面积而论，哈萨克斯坦（Kazakhstan）共有二百七十三万四千七百平方公里，这比起整个西欧的面积来，要大一个半多。人口共有六百一十万人，其中除以哈萨克人为主要之居

---

[1] 郑鸣：《哈萨克（国际常识）》，《民众》第2卷第6期，1948年，第12页。
[2] 张西曼校译《哈萨克苏维埃社会主义共和国宪法》，《中华法学杂志》第3卷第9期，1944年，第62页。

民外,尚有俄罗斯人、乌克兰人、乌孜别克人、维吾尔人、回回人等居住于这个共和国内。"[1]文中最后指出:"哈萨克斯坦共和国,既为苏联之盟员国,以其地理方面论之,整个与我新疆省之伊犁、阿山、塔城三区为界,长凡千余公里;以民族成分而论,整个中亚均为回教民族,与我新疆所有之民族,一切尽同,可谓之'一家人'也。就历史上之经过而言,帝俄时代,新疆即在其侵略之内,伊犁为被侵略而后收回之失地,目前之'友邦',以扶持弱小民族作幌子,对我新疆亦始终不能放手。因此数十年来新疆受特殊环境之限制,中央鞭长莫及,国防废弛,不堪言状;内部民族复杂,一切落后,层出不穷之民族问题,造成了历年混乱不靖的新疆,无法解决。多少年来,新疆这块国土,是任人在欺侮,到处有异邦之马在驰骋。直至今日,在新疆因民族问题及种种政治上之失策,致使伊、阿、塔三区由暴乱而特殊化,已近两年矣,随之形成了严重的新疆问题。新疆过去在问题中,目今在问题中,将来恐亦在更在问题之中。究竟新疆之所以成为问题者,不外:(一)炎黄子孙太不争气,无国家民族之意识,一切为个人利己,使国家不成为国家,民族不成为民族;(二)所靠之近邻,与我境界毗连,达数千公里,中亚各共和国,均有常备训练之大批民族军队,伊犁事变以后,哈萨克斯坦在今日邻邦之地位随之而重要起来。故吾人欲解决新疆问题,巩固边防,保卫世界和平与安全,应力图自振,整饬内政,加紧建设,而对于比邻之情况,亦应详加研究,始可免去未来之祸患也。"[2]我们可以发现,该文除了介绍哈萨克斯坦的基本国情之外,还专门提醒当局要关注新疆的问题,因为该问题事关国家未来发展的

---

1 厉卓:《饶于畜牧和石油的哈萨克共和国》,《瀚海潮》第1卷第9期,1947年,第13页。
2 厉卓:《饶于畜牧和石油的哈萨克共和国》,《瀚海潮》第1卷第9期,1947年,第15页。

根本。作者指出，哈萨克斯坦在苏联内部重要性的凸显，在很大程度上是因为当年的伊犁事变，因此有必要对苏联的这一加盟共和国进行深入研究，以做到有备无患。这种看法在当时可谓未雨绸缪、一针见血。

当然，随着中国国内对于哈萨克斯坦认识的深入，哈萨克斯坦正负各方面的信息都逐渐受到国内知识界的关注。同样是在1947年，当时的国内学者就注意到了苏联内部存在的哈萨克民族反对力量，并撰有《中亚哈萨克族反苏运动述评》一文，提醒我们注意哈萨克斯坦以及更大范围内的苏联中亚地区内部所存在的未来有可能激化的历史与民族矛盾。[1] 此外，在20世纪40年代，国内还译介了外国学者所撰写的关于哈萨克斯坦的文章。[2] 这些都进一步丰富了中国对于哈萨克斯坦的知识获取与国情认知。

结语：时局、地位与对外视野

因为历史背景的差异，每个时代的中国都形成了对外域的独特认知，其中，对于哈萨克斯坦的认知就鲜明地体现着这种时代性。由于哈萨克斯坦本身在历史和现实国际政治舞台中的断续性以及相关信息的缺失性，中国视野中的哈萨克斯坦形象一直比较模糊，无法形成一个比较完整清晰的认知轴线。

总体而言，在整个近代时期，中国知识界视野中的哈萨克斯坦形象基本上被囊括在俄国－苏联形象之内，是整个俄国－苏联认知

---

[1] 王仁南：《中亚哈萨克族反苏运动述评》，《现代（南京）》1947年第3、4期合刊，第6~8页。
[2] 如〔美〕安娜·鲁易斯·屈朗（即安娜·路易斯·斯特朗）著、万歌翻译的《哈萨克人在苏联》(《大学月刊》第4卷第5、6期合刊，1945年，第71~78页)，〔美〕拉芒特、伯庸翻译的《塔兹克·吉尔吉斯·哈萨克：毗连我新疆省的三个苏联的社会主义共和国：附照片》，(《中学生》第197期，1948年，第37~41页)。

图景中的一部分，与古代以及20世纪90年代以来的哈萨克斯坦图景相比，缺乏清晰的可辨析度。分而言之，清末国内对于哈萨克斯坦的认知还处于基本知识介绍阶段，没有进入深入讨论的阶段。这既跟当时中国国内主要对外关注点为欧美、日本等国家和地区有关，也跟清末民国时期中国自身较为低下的国家地位有关。这种情况造成了某种"马太效应"，一方面使得知识界的视角在当时往往更偏向于欧美和日本，对中国西部邻国的认知相比之下更显薄弱；另一方面，使我们对于俄国这一对象的认知也不那么完整。在俄国十月革命尤其是苏联成立之后，中国国内对于哈萨克斯坦的认识由于信息传播渠道的限制，较少为知识界所知。这一区域当时是苏联的一部分，因此当时的中国舆论与知识界对于这一地区的认识是建立在对苏联认知的基础之上的，而且在很大程度上以对苏联欧洲部分的认知来衡量和替代对苏联中亚地区的认知，这使得国内知识界对于哈萨克斯坦的认识始终非常有限。民国时期，中国知识界除了对哈萨克斯坦的基本国情有了一些认识，缺乏对哈萨克斯坦更全面、更深入的认知，在总体上仍然无法超越清末时期对于哈萨克斯坦的认识水平。随着这一时期中国新疆与苏联哈萨克斯坦之间经贸联系的增多，中国对哈萨克斯坦的细节性认知正在增多，但从知识获取的角度而言，这种细节性认知并没有通过报刊等途径为更多的读者所知，也就无法在全中国的范围内形成新的认知图景。

此外，在这种认知当中，我们能够深切感受到当时中国知识界对于哈萨克斯坦历史与现实复杂性的困惑与纠结。这一方面体现着近代中国知识界对中国自身受压迫、受宰割地位的深刻体认，另一方面也反映着知识界在认识和面对历史上的中国对外秩序以及当时的国际秩序时，所存在的某种冲突与困境。这种冲突与困境，在当代的某些事务中也依然会凸显出来。

因此，要更好地确立当代中国的哈萨克斯坦视野，我们要了解近代中国的相关认知，在此基础上去反思曾经出现过的相关认知层面上的冲突与困境，从而更好地认识当代哈萨克斯坦，以更具前瞻性和发展性的思维来审视和发展全新的中－哈关系。

第四章 "白金"之邦：乌兹别克斯坦的近代形象及其流变

理解特殊性

作为苏联中亚五国之一，如今的乌兹别克斯坦是中国"一带一路"倡议中的重要节点国家，在中国的西部边疆安全与发展方面具有重要意义。从历史上看，乌兹别克斯坦有着较为深厚的历史积淀，其费尔干纳地区曾是汉武帝寻求"西极马"所在的大宛，布哈拉则是7世纪以来伊斯兰文明向东方传播的一座圣城，撒马尔罕更是见证了盛唐对于"金桃"所代表的异域文明的想象。但同时，乌兹别克斯坦又是一个相当年轻的国家，自1991年正式独立至今不到30年，即便是上溯到苏联时代存在的乌兹别克斯坦共和国，其成立距今也不到百年。乌兹别克斯坦作为苏联中亚五国中人口最多、人口密度最高以及族群最为多元化的国家，其历史上的繁荣局面与现实中的改革与转型在某种意义上形塑了乌兹别克斯坦当代形象的多重性与复杂性。从中国的角度而言，我们同样可以看到这种多重性与复杂性。历史中的乌兹别克斯坦因丝绸之路与中国联系在一起，而近代的乌兹别克斯坦则因苏联与后苏联时代的转型与当代中国形成新的互动和关联。

正是由于乌兹别克斯坦自身蕴含的多重性与复杂性，要想形成一个更为完整的中国对于乌兹别克斯坦的认知，进而更好地服务于"一带一路"倡议，就不仅要继续推进当下中国与乌兹别克斯坦的联系，实现互利互惠的共赢局面；还需要回到历史中梳理中国对乌兹别克斯坦历史认知的形成过程。其中尤为关键的是厘清作为一个现代民族国家的乌兹别克斯坦是如何在近代逐渐孕育，又是如何被当时的中国知识界所逐渐认识的，这也是从历史中更全面地把握中国对乌兹别克斯坦认知过程的应有之义。经过学者的不懈努力，目前国内对乌兹别克斯坦历史的研究正逐步推进，其中不乏诸多细部的历史考辨。[1] 例如，潘志平的《中亚浩罕国与清代新疆》一书将清朝与乌兹别克斯坦境内的浩罕汗国联系在一起，以区域研究的眼光来看待二者之间的关系，已经涉及中国对于浩罕的观念生成与相应互动问题。刘迎胜的《丝绸之路》一书将中亚与中国历史演进联系在一起，以丝绸之路为纽带，将中国对中亚异域的认知与想象呈现出来。除此之外，薛爱华的《撒马尔罕的金桃》虽然并非国内学者的作品，但流传甚广。作者通过对唐朝多元文化相互交融景象的详细描述，阐明了外来物品如何进入中国，如何影响了当时中国人的

---

[1] 参见蓝琪《论中亚希瓦汗国》，《史学月刊》2012年第12期；蓝琪《论沙俄保护下的布哈拉汗国》，《贵州师范大学学报》2009年第1期；潘志平《中亚浩罕王统考》，《西北民族研究》1990年第2期。

生活，中国又是如何理解和想象这些异域之物的。但总体而言，我们对于中国视野下乌兹别克斯坦形象的形成过程缺乏了解，在传统中西交流史层面对乌兹别克斯坦的认知和在当代国际关系层面对中国－乌兹别克斯坦关系的认知之间，形成了某种"空白"。这启发了笔者就近代中国"乌兹别克斯坦"图景形成的背景、认知及其过程进行梳理与分析，并回答这样的问题：乌兹别克斯坦的国家形象在近代中国是怎样逐渐清晰起来的？近代中国对乌兹别克斯坦的认知经历了几个主要阶段？这种认知对于我们当代的乌兹别克斯坦认知具有怎样的意义？限于资料，本章将主要围绕清末民国时期国内报刊的相关记载进行梳理和分析。

近代史进程中的乌兹别克斯坦与中国

从历史上看，乌兹别克这一概念作为一个民族或者一个区域明确下来，至少要追溯到15世纪中叶。在帖木儿帝国衰败之后，在如今哈萨克草原上生活的乌兹别克人南下到河中地区开始定居生活，逐步形成了如今的乌兹别克民族。当时的乌兹别克人在中亚河中地区并未建立起统一政权，而是在16世纪初形成了希瓦和布哈拉两个汗国对峙的状况。到了18世纪初，乌兹别克族首领沙赫鲁又建立了浩罕汗国，从而形成了至19世纪下半叶初一直保持稳定态势的希瓦、布哈拉和浩罕三大汗国并存的局面。[1]

19世纪下半叶俄国在基本控制哈萨克地区之后，开始向中亚南部进一步推进。1865年浩罕汗国的塔什干被俄军攻陷，两年后此地

---

[1] 参见〔法〕恰赫里亚尔·阿德尔、伊尔凡·哈比卜主编《中亚文明史》第5卷，蓝琪译，中国对外翻译出版公司，2006，第5~54页。

第四章 "白金"之邦

建立了俄属突厥斯坦总督区。1868年布哈拉陷落，布哈拉汗国成为俄国的保护国。1873年，希瓦汗国也成为俄国的保护国。1876年，俄国在镇压了浩罕起义之后，将其直接并入俄国版图，布哈拉和希瓦表面上的独立性则被保持到俄国十月革命之前。

1917年俄国十月革命的爆发使乌兹别克斯坦政治格局发生了巨大的变化。1918年，苏联红军攻占浩罕，建立了突厥斯坦苏维埃自治共和国。1920年，希瓦和布哈拉也先后爆发布尔什维克革命，建立了花剌子模苏维埃人民共和国以及布哈拉人民共和国。1924年，也就是在苏联成立两年之后，突厥斯坦苏维埃自治共和国与布哈拉人民共和国、希瓦人民共和国的一部分共同组成了乌兹别克苏维埃社会主义共和国。1936年，乌兹别克苏维埃社会主义共和国内的塔吉克自治州成为独立的加盟共和国。1932年建立的卡拉卡尔帕克社会主义自治共和国则于1938年划归乌兹别克。上述的这些政区划分形成了乌兹别克斯坦的基本行政格局，这一格局在苏联解体之后保持了下来，最大的变化则是服从于苏联整体政治经济安排的乌兹别克斯坦在1991年底成为新的独立主权国家。

在基本同一时期的中国，出生于中亚浩罕汗国的张格尔利用浩罕与清朝在贸易问题上的分歧，于1820年潜入南疆地区，借用宗教旗号发动叛乱。虽然这一叛乱很快被清军击退，但他在之后的八年中屡次入侵新疆，并一度占领喀什噶尔，给清王朝造成极大威胁。这种威胁直到1828年清军将其擒获，方才解除。[1] 但从此开始，在之后的半个多世纪中，浩罕一直成为新疆局势的一大不稳定因素。1865年，在俄国入侵塔什干的同时，浩罕伯克阿古柏在新疆发动叛

---

1 参见王希隆《张格尔之乱及其影响》，《中国边疆史地研究》2012年第3期；朱亚飞、李瑶《从张格尔叛乱看清朝边疆防御之得失》，《西域研究》2006年第1期。

乱，并借助俄国势力与清朝抗衡。1878 年，清军在收复阿古柏所侵占的天山南北地区之后，俄国对浩罕的直接统治变为对清朝新疆地区的直接威胁，这也在某种程度上促成了 1884 年新疆建省。1911 年辛亥革命爆发后，杨增新、金树仁、盛世才等在新疆先后掌权，民国中央政府对新疆的控制力较为有限。而随着俄国十月革命的爆发，俄属中亚地区的局势发生了急剧变化，在乌兹别克斯坦地区迅速蔓延的布尔什维克革命改变了当地的政治军事局面，并从思想和社会层面对中国西北边疆地区产生了十分深远的影响。

乌兹别克斯坦认知：两次高潮及流变

近代以来国内知识界最早对乌兹别克斯坦的认识是在中国西北边疆危机和俄国向中亚扩张的双重压力下逐渐形成的。当时中国国内对于乌兹别克斯坦的认知，并不是指向如今作为独立民族国家或者是苏联加盟共和国的乌兹别克斯坦，而是指向其前民族国家时代，也就是三个汗国时期。1925 年之前的国内知识界并没有一个完整的乌兹别克斯坦的概念，有的只是希瓦（当时多称基法）、布哈拉（当时多称布哈剌）以及浩罕（当时多称霍罕）三个分立的汗国政权概念，而且这种认知在地理上存在着断裂性与不均衡性。在俄国进攻希瓦汗国之时，正值中国近代报刊业开始兴起（清末的《教会新报》创刊于 1868 年，并于 1874 年 9 月改名为《万国公报》，是中国最早的近代报刊之一），因此受到一定关注。浩罕汗国因为与中国新疆毗邻，而在 19 世纪七八十年代受到注目，相比较而言，布哈拉汗国则更少被提及。之所以会出现这种地理位置和认知程度上的相关性与差异性，正是源于前文提及的 19 世纪中叶以来的中亚局势以及中国自身西北边疆状况的变迁。而值得注意的是，在这种相

第四章 "白金"之邦

关性和差异性的背后，又存在着某种认知上的一致性，即当时国内知识界正广泛意识到俄国作为一个强大的邻国，将对当时的中国尤其是中国边疆局势产生深远的影响。

从历史资料上看，早在1873年，俄国入侵希瓦的消息就已经传入中国，但是当时国内对于希瓦的认知几乎是缺位的，有的仅仅是对俄国军事行动的报道。当年的《教会新报》就报道"俄军往攻基法前分三队，由三路而进兹"，[1] 几乎没有任何对希瓦本身的介绍。可见，当时国内对于希瓦的认知，不仅还保留着天朝上国的心态，而且对于俄国帝国主义性质的入侵也缺乏认识，这与后来中国知识界在认知浩罕时所显示的焦虑和关切形成鲜明对比。面对当时俄国派遣大军前往希瓦，国内报章认为"不知基法弹丸之地何所恃耶"，[2] 而关于希瓦为何会遭受俄国入侵这一问题，国内舆论则认为是"基法酋带所获恶人，所以俄国人恨同切齿"。[3] 对于俄国占领希瓦，迫使之成为附庸国，则被解读为"欧洲各国深佩俄国之德，欣喜之至"。[4] 这些报道从一个侧面表明，当时的中国知识界对于构成乌兹别克斯坦的希瓦区域缺乏基本的了解，存在着认知上的巨大偏差。

相较而言，国内舆论对于浩罕的认知有着另一种心态和情境。这种状况，一方面推动了国内知识界对浩罕的逐步了解；另一方面，认知上的偏见和片面也依旧存在。从1874年起，《万国公报》开始持续关注浩罕，其写道："俄之属地名霍罕，即古大宛国也，在喀什噶尔城之北。"[5] 从中可以看到，中国对于浩罕的了解还是依据汉代正史的只言片语，十分模糊。而在同一年的《申报》中，对于

---

[1]《教会新报》第246期，1873年，第8、9页。
[2]《教会新报》第231期，1873年，第11页。
[3]《教会新报》第231期，1873年，第11页。
[4]《教会新报》第244期，1873年，第10页。
[5]《万国公报》第314期，1874年，第23页。

同样的事件也有报道，并且对浩罕的介绍更为全面，不过依据的仍然是正史记载，在认知层面并无超越："考今霍罕，即古之大宛地，汉武帝时由匈奴走月氏始至其境。"并一直梳理到"康熙中年改为霍罕，乾隆二十四年师平回部，博罗尼都之子萨木克逃霍罕，旋其地隶入版图，乃建八城，而霍罕其一也"。并承认"西域舆图沿革知之者少，因近日其境与俄有事，特为考之"。[1]这些报章中也有对浩罕地区民众的描述，认为其"风俗淫逸无人伦，尤重男色，人人皆有狡童。童之裤皆紧束，以细锁锁之，以防外遇。其人种类不一，有与内地回人相似者，有与土尔扈特诸处相似者，有鬈发卷曲与俄罗斯相似者。又有一种亦回族，但目益深、鼻益高，睛碧色，须绕颊如猬面，赤如丹砂。劣而横恣，遇有战阵辄为前锋，无火炉锋矢，专用木矛冲突于矢石之间"。[2]从字里行间可以看出，在当时国内报道中，传统天朝上国的心态依然较为明显，对于当地社会文化的细部叙述过于离奇，缺乏具体的实地调查。而从时间轴的角度看，当时中国国内对浩罕的关注主要源于1874年浩罕爆发反抗沙俄统治的起义，所以在接下来的六年中，俄国在浩罕的一举一动都相当及时地传入中国。无论是1875年起义被镇压，还是同年爆发的新起义，抑或是1876年三度爆发起义的消息都在第一时间分别以《霍罕复乱》[3]、《霍罕又乱即行剿尽》[4]和《霍罕平而又复乱》[5]为题被报道。1876年俄国最终将浩罕汗国吞并的消息也被国内报章详尽报道，并分析了其中的利弊。[6]

---

1 《申报》第1127号，1875年。
2 《申报》第1179号，1876年。
3 《万国公报》第368期，1875年，第18、19页。
4 《万国公报》第369期，1875年，第21、22页。
5 《万国公报》第373期，1876年，第20页。
6 《万国公报》第374期第16页，第386期第17页，1876年。

第四章 "白金"之邦

除了报道上的密集和及时之外，更值得注意的是，在这些报道中，浩罕总是被与新疆联系在一起加以评述："霍罕一区屡服屡叛，大费俄国经营。喀什噶尔与霍罕为邻近之地，其风俗人情大约相去不远。"[1] 同时，国内舆论也倾向于将新疆问题的解决与俄国在浩罕的行动联系起来，认为可以借俄国东进给阿古柏政权带来的压力，迫使其倒向中国，即如果"阿古柏为俄国所忌，则中朝可乘此机会收复喀什噶尔矣"。[2] 同时警觉到，俄国可能在控制浩罕之后图谋新疆，"且中国、俄国于喀什噶尔一地相互为敌，未知鹿死谁手。喀什噶尔应早派人辨明，或可保之，亦未可料"。[3] 等到俄国将浩罕完全纳入其直接管辖后，国内舆论则感到借用俄国军事行动平定新疆叛乱的机会被耽误了，认为"俄兵争平霍罕为俄属国，则霍罕人之不服于俄者势必前往喀什噶尔助阿古柏抗拒华兵，恐华兵难以取胜矣"。但同时认为"中国不取喀什噶尔久之，必为俄国所得。是又中国急宜从速进兵，不可再失机宜之候矣"。[4] 同一年，倡议新疆建省以应对俄国威胁的观点，也开始出现在国内报章对浩罕的认知中，认为"将其地分设两省建立郡县，徙关内民兵以实之"。[5] 由此可见，俄国在浩罕的军事行动在给中国新疆的地方治理造成巨大压力的同时，间接推动了国内知识界去更多思考西北边疆与中亚问题，因此我们也就能理解为什么俄国在浩罕修筑铁路和开通轮船的消息会迅速传入中国，并直接与边疆局势联系在一起。例如，《万国公报》1877 年就刊载道："俄国现有轮船可由里海驶往阿母江，经至霍罕境界，复

---

1 《申报》第 1381 号，1876 年。
2 《万国公报》第 361 期，1875 年，第 22、23 页。
3 《万国公报》第 363 期，1875 年，第 16 页。
4 《万国公报》第 374、386 期，1876 年，第 16、17 页。
5 《申报》第 1383 号，1876 年。

由乌拉江驶往俄京。水路轮船、旱道轮车可称攸往咸宜矣。"[1]《申报》也就俄国铺设铁路到浩罕这件事情简要提醒："此路若得以经达印度直通北口，不独便于商务，即行师旅战军装亦无不利，岂英与中国之福哉？"[2] 在题为《论俄人拟增建铁路至霍罕》一文中，作者也表达了类似的担忧："泰西富强之计首在通商，而其要则以电线、铁路为本务。"俄国"心存昌盛，必欲阔其铁路以期收效于将来，彼其志岂徒在于通商便民哉？"并想要"用霍罕扰我边陲"，进而等到新疆"一有意外震动非常，俄之乘势以筑路于此者……无事则便于互市，有事则利于行师"。最后告诫道："觇国者可勿因其举动而先为筹划欤？"也正是在这篇1880年的报道中，曾经模糊的浩罕汗国形象逐步清晰起来："查霍罕一名浩罕，俗称为安集延，地在葱岭之西。回回部落中有城郭之国也。毗连布鲁特。其人长于服贾，心计缜密。卡内之南北各城，卡外之回部，各国足迹无不到之处。性贪而狠，习为攻掠。凡子女玉帛所在，刻刻垂涎。"[3] 该文认为，近代以来新疆的乱局都是浩罕的张格尔和玉素普等人造成的。总体而言，尽管国内知识界对浩罕的认识越发深入，但是依旧带有中心对于边缘的偏见，对新疆问题的认识也依然较为表面化。这说明当时国内对于构成乌兹别克斯坦的浩罕区域的认识还是相当有限的。

值得注意的是，由于早在中国近代报业兴起之前的1868年俄国就占领了布哈拉，并将其作为属国控制起来，以及布哈拉的地理位置又不如浩罕那样在中国近代边疆事务上如此重要，因此其在国内知识界很少被提及。例如在一篇介绍布哈拉为俄国海军捐赠军费的

---

1 《万国公报》第428期，1877年，第17页。
2 《申报》第2440号，1880年。
3 《万国公报》第574期，1880年，第2、3页。

第四章 "白金"之邦　　　　　　　　　　　　　　　　　　　　　　• 67 •

短报中，仅仅提到"该国在俄国监督之下中亚细亚一独立国"。[1] 概言之，国内对于构成乌兹别克斯坦的布哈拉区域记述最为简单。

　　总的来说，19世纪60年代到20世纪20年代，随着媒体和其他信息传播方式的发展，国内知识界开始形成对构成当今乌兹别克斯坦范围的三个汗国——希瓦、布哈拉和浩罕汗国的相应认知，并将其各自在那一时期的境况，及其与俄国、中国的相互关系联系到一起考虑，从而形成了对乌兹别克斯坦区域的总体认知。但在认识程度方面，还处于基本的事实介绍和简单评述阶段，尚未对乌兹别克斯坦区域内部三个汗国的具体政治、社会与文化状况进行深入的探究。在这一时期，基本事实的介绍以及三汗国与中国边疆问题的简单关联，是国内知识界认知乌兹别克斯坦的主要方式。

　　随着俄国对中亚的控制日益稳固以及中国新疆局势的逐步稳定，国内对于乌兹别克斯坦的关注度开始下降。直到俄国十月革命爆发之后，布尔什维克思想作为一股重要的时代思潮传入中国，再次推动了中国知识界对乌兹别克斯坦的关注。也正是在这一阶段，乌兹别克斯坦所在区域内的布尔什维克革命正如火如荼地展开。国内的相关关注也主要围绕这些议题展开。

　　1920年的《共产党》杂志以《红色化后之布哈拉国》为题，报道了布哈拉苏维埃共和国的建立。[2] 1923年《法律周刊》则提到布哈拉土地国有的消息。[3] 我们可以发现，在20世纪20年代之后，国内对于乌兹别克斯坦的相关认知受到当时俄国苏维埃革命的极大影响，在某种程度上又促进了中国国内对于苏维埃革命和共产党的

1　《海外丛学录》1904年第1期，第149页。
2　《共产党》1920年第2期，第48、49页。
3　《法律周刊》第23期，1923年，第16页。

认知。

　　1922年苏联的成立在世界史上是一件大事，作为苏联加盟共和国的乌兹别克斯坦共和国的成立自然也受到关注。以此为起点，国内知识界对乌兹别克斯坦的认知开始走向地理上的全面性（作为一个完整的民族国家）与领域上的多元性（超越了传统的军事政治领域）。同时要注意的是，在此后很长时间内，国内对乌兹别克斯坦的认知往往与对社会主义的认知叠合在一起。1925年的《外交公报》就刊载了乌兹别克斯坦共和国成立的消息，这也是乌兹别克斯坦作为一个国家被首次介绍到中国。[1] 而此前，国内对于乌兹别克斯坦的认知往往被切分为布哈拉、希瓦和浩罕三个区域，没有真正的整体性。但即便对于乌兹别克斯坦整体性的认知开始出现，国内当时依然没有针对这一国家的全面介绍。直到1934年，《礼拜六》杂志连续三期对乌兹别克斯坦的布哈拉进行了"鸟瞰"式记述，才真正首次较为具体地介绍了这个国家的情况。但有趣的是，虽然文中对布哈拉已经是乌兹别克斯坦的一部分做出了说明，但是依旧放在"各国鸟瞰"这一版块之下，并仅仅对过去布哈拉汗国所在范围做了介绍，[2] 并未涉及乌兹别克斯坦其他地区，这表明当时国内对乌兹别克斯坦的了解在空间方面依然有所局限。1935年的《外交部公报》花费了41页的篇幅报道了"乌孜别克社会主义共和国行政院长法子拉本正月十一日在乌孜别克斯坦第五次苏维埃大会之报告"。[3] 这是国内报刊对乌兹别克斯坦相关事务首次进行长篇报道。事实上，这也反映了1932年国民政府与苏联恢复邦交之后，国内对于乌兹别克

1　《外交公报》第50期，1925年，第40、41页。
2　菲菲：《各国鸟瞰：布哈拉》，《礼拜六》第557期第14~15页，第558期第16页，第559期第13页，1934年。
3　《外交部公报》第8卷第11期，1935年，第173~213页。

斯坦以及更大范围内对苏联事务兴趣的恢复和增长。这一报告主要介绍了乌兹别克斯坦建国十年以来所取得的成绩，使当时国人有机会第一次全面了解十月革命之后乌兹别克斯坦的发展状况。在此之后，国内对于乌兹别克斯坦长篇幅的全面介绍越来越多，涉及的方面也越来越广，对于乌兹别克斯坦的认识越发深入。另外，不同于以往仅仅通过文字资料认识乌兹别克斯坦，1931年的《俄国五年计划画报：活跃的苏俄》则以图片的形式介绍了乌兹别克斯坦的社会主义成就，其主题集中在科学教育和社会生活领域。[1] 此后，图片这种更为直观的形式一直被保留下来，成为当时中国认识乌兹别克斯坦的一个重要途径。

二战之后，随着苏联国际地位的进一步巩固和提升，中国对于苏联内部政治经济结构和文化生活方式的认知需求也快速增长。1945年《中苏文化杂志》所刊载的《乌兹别克斯坦——白金之国》一文对乌兹别克斯坦的历史和现状做了全面介绍。文中虽然没有对当时乌兹别克斯坦共和国的基本状况进行直接说明，但是详细介绍了乌兹别克斯坦的历史发展，从"这里最早的人是塔什克人（Tadjiks）"开始，历数了阿拉伯人的到来、"成吉思汗的蒙古人完全征服这块地方"、乌兹别克人的到来、俄国沙皇的统治以及最后苏维埃共和国的成立，对乌兹别克的历史进行了全面梳理。也是在这篇文章中，乌兹别克斯坦的形象开始与棉花紧密联系在一起，这塑造了如今中国对于乌兹别克斯坦这一"棉花之国"的印象。有趣的是，作者甚至从自己的乌兹别克斯坦旅行出发介绍了当地的风土人情，其中谈到了火车上遇到的穆斯林乘客、塔什干欧洲区的街景等，这与之前人们往往通过二手资料了解乌兹别克斯坦有很大的不

---

[1]《俄国五年计划画报：活跃的苏俄》，1931年，第17、106、156、165页。

同。值得注意的是，这篇作品也对乌兹别克斯坦的女性解放和农业合作进行了说明。作者谈到，在过去"女孩子在九岁或十岁就卖给人家结婚，她便成为她丈夫的父母的财产"。而现在，1928年乌兹别克斯坦发起"大露面"运动之后，每年的国际妇女节的时候"乌兹别克所有的会议厅那一晚只能留给妇女们开会使用"。作者认为乌兹别克斯坦过去十年的发展中，"合作农业制度所造成的变化最大，它自1932年以后是所有的农民平等地使用到灌溉的水和新的机器"。[1]

1947年《瀚海潮》的《棉产居全苏第一位的乌孜别克——附喀拉卡尔帕克自治共和国》一文，对乌兹别克斯坦也做了全面的介绍，并侧重于叙述当时苏联的乌兹别克斯坦加盟共和国。文中写道："乌孜别克苏维埃社会主义共和国（The Uzbek Soviet Socialist Republic）位于苏联中亚细亚中央，在人口数量方面，以及在经济实力上，它均居于中亚各共和国之首。其面积为四十一万零五百平方公里，人口共有六百三十万，除乌孜别克族为共和国之基本居民外，尚有喀拉卡尔帕克人、俄罗斯人、土克曼人、塔吉克人、哈萨克人，以及其他族之居民。乌孜别克斯坦是全苏联棉花的基本产地。"该文不仅围绕苏联的棉花种植和棉花工业进行了细致的介绍，而且专门对喀拉卡尔帕克自治共和国进行了介绍。"位于阿穆达利亚河的下游。该自治共和国的居民为：喀拉卡尔帕克人、乌孜别克人和哈萨克人，那里建设有新的城市，这边是自治共和国的首都努库斯（Nucus），这个自治共和国耕种棉花和生产优良籽种苴蓿……在1934年全共和国共有牛马等畜八十八万一千头，至1940年共有

---

[1]〔美〕安娜·路易·斯特朗、庄寿慈:《乌兹别克斯坦——白金之国》,《中苏文化杂志》1945年第9、10期合刊，第53~59页。

一百六十二万四千头；羊只在1934年共有一百九十八万七千只，至1940年共有四百八十五万二千只矣。"可以说，中国对乌兹别克斯坦的认识在不断深入、不断具体化。值得提到的是，文中再次专门针对乌兹别克斯坦的女性自由和农业合作等问题发表了看法，认为相较于革命前"女人无有权利的，像物品一样，她不能敞着头面，在街市上行走"，"今天的乌孜别克妇女，都参预着国家大事"，都"完全平等了"，并且提出"集体农庄制度的继续稳固……使得棉花的收成，比较战前（第一次大战前——引者注）的时期的乌孜别克斯坦增加了三倍"。[1] 女性解放和农业合作话题的一再出现，表明国内知识界对于乌兹别克斯坦的关注在某种程度上成为中国当时自身问题意识的折射，是当时中国知识界思考中国自身现代化改革的一部分。

20世纪40年代，一系列有关乌兹别克文学的介绍也开始出现，其中甚至不乏出自名家之手，例如诸候在1947年的《少年读物》上用相当篇幅翻译了乌兹别克斯坦三兄弟的传说；[2] 而茅盾更是在1947年和1948年分别对乌兹别克文学和乌兹别克戏剧进行了介绍。[3] 这些都进一步丰富了当时国内对于乌兹别克斯坦的认知。

我们可以看到，这一阶段（20世纪20年代至40年代）与前一时期相比，国内在关于乌兹别克斯坦的认知议题上出现了一次巨大转变，即从军事政治向社会文化转变，这既是认知逐步深入的结果，也是中国自身问题意识发生转变的结果，即国内知识界开

---

[1] 章文超：《棉产居全苏第一位的乌孜别克——附喀拉卡尔帕克自治共和国》，《瀚海潮》1947年第9期，第7~9页。

[2] 诸候译《三兄弟——乌兹别克木棉底传说》，《少年读物》第4卷4、5期合刊，1947年，第16~27页。

[3] 茅盾：《乌兹别克文学概略》，《大学》第6卷第5期，1947年，第31~34页；茅盾：《乌兹别克的第一个歌剧蒲朗》，《文艺生活（桂林）》海外版第1期，1948年，第33~35页。

始从关注边疆的军事政治建设到关注更大范围内的国家独立与富强问题。

结语：不均衡特质与时代折射

在中国认识包括乌兹别克斯坦在内的中亚诸国的时段性方面，在关注古代的中外关系史层面和关注现当代的国际关系学层面，往往存在着一种时空上的缺失与断裂，即近代中国对于中亚的认识往往并不细致，在某种程度上被简单化了。近代中国对乌兹别克斯坦的认知就是如此。从严格意义上说，乌兹别克斯坦并不仅是一个简单的中亚国家名称，而且是一个有其自身历史、同时又在近现代逐渐分化成型、最终脱离苏联独立的历史－政治实体名称，这一名称本身在认识层面存在着一个从模糊到逐渐清晰，进而形成具有明确疆域、人口等诸种特征的认识对象的过程。近代中国知识界对乌兹别克斯坦的认知本身具有某种时代性，也就是说，对乌兹别克斯坦的认知是与对中国古代历史和近代境遇的认知紧密联系在一起的，从而形成了近代语境下的独特性。

总的来说，近代中国对于乌兹别克斯坦的认知经历了一个从碎片到整体、从狭隘到全面的过程。这种认知变化一方面与相关信息和知识不断积累，通信、交通条件不断改善，近代报业不断发展等因素关联在一起；另一方面，随着近代中国世界地位和自我认知的不断变化和调整，尤其是近代中国西北边疆问题的凸显，使得在近代转型中被忽视的中亚区域开始受到新的关注。但在这种对中亚的新认知的过程中，在很长一段时间内，我们对于乌兹别克斯坦的认知不仅是碎片化的，而且是不均衡的。乌兹别克斯坦东部（浩罕汗国所在地）在地理上与中国新疆毗邻，历史上则在 19 世纪末和 20

第四章 "白金"之邦

世纪初与中国西北边疆危机密切相关，从而在 19 世纪七八十年代受到了持续关注。而乌兹别克斯坦中部（布哈拉汗国）和西部（希瓦汗国）由于与 19 世纪末的中国几乎没有直接关联，很少受到国内知识界的重视，直到 1925 年乌兹别克苏维埃社会主义共和国成立的消息在中国广布之前，国内对于乌兹别克斯坦的认知长期以来是由对三个汗国的认知所组成的，而 19 世纪七八十年代俄国攻占浩罕的密集报道所反映的正是国内知识界对 19 世纪中叶以来中国西北边疆危机的焦虑。

20 世纪 20 年代之后，随着苏联中亚地区行政结构的大调整，中国国内新一轮关注乌兹别克斯坦的潮流开始兴起，一方面，逐渐呈现了一个更为完整的乌兹别克斯坦形象并稳固至今（无论是地理区域还是经济类型上）；另一方面，对于乌兹别克斯坦的认知又主要是在对苏联和社会主义认知这一基础上形成的，具有鲜明的意识形态特征。这使得 20 世纪 20 年代至 40 年代国内对乌兹别克斯坦的认识既具有强烈的时代意味，又受到当时政治思潮的影响。

总之，近代中国对乌兹别克斯坦认知过程中时间段的变化（两次高潮与 19 世纪 80 年代到 20 世纪 20 年代之间的低谷）和议题的不断转移（从单纯的军事行动到社会文化），不仅表现了中国对外认知视野的拓展与新转向，而且在某种程度上折射着近代中国自身的内在变革。这不仅将启发我们如今的对外认知，也将更好地使我们注意到中国边疆议题方面所曾经有过的外部因素。

第五章　欧亚之枢：吉尔吉斯斯坦的在华认知与历史变迁

问题域与时代性

吉尔吉斯斯坦，全名吉尔吉斯共和国（The Kyrgyz Republic），位于中亚东北部地区，原为苏联加盟共和国之一，1991年8月31日宣布独立，同年12月21日加入独联体。该国国土面积20万平方千米，其东南部和东部与中国新疆维吾尔自治区相接，北邻哈萨克斯坦，西部与乌兹别克斯坦接壤，西南部与塔吉克斯坦相邻，人口589.5万人（2015年数据），共有80多个民族，其中吉尔吉斯族人口为429.2万人，占总人口72.8%，其次为乌兹别克族和俄罗斯族、东干族。该国共分为7个州、2个直辖市（比什凯克和奥什），最大城市为位于该国北部的首都比什凯克，人口93.7万人（2015年数据），第二大城市为位于该国南部的奥什，人口约50万人（2012年数据）。该国70%以上的居民信仰伊斯兰教。国语为吉尔吉斯语，官方语言为俄语，乌兹别克语也广泛通行。

吉尔吉斯斯坦历史较为久远。已知最早的考古遗存可追溯至公元前2000年的青铜时代，在该阶段末期，畜牧业和狩猎业开始成为当地居民主要的经济活动类型。公元前3世纪起，逐渐形成乌孙游牧部落，后受到匈奴人的打击，逐渐解体，移居到天山的一部分人跟当地居民融合，形成吉尔吉斯部族的雏形。从建置沿革上看，其政权前身可追溯到公元6世纪至13世纪的吉尔吉斯汗国，至15世纪后半叶，吉尔吉斯民族逐步形成，在16世纪，该民族自叶尼塞河上游迁居至中亚；17世纪起，居住于叶尼塞河流域的吉尔吉斯人臣属于蒙古土尔扈特部和准噶尔部，之后又在俄国压力下，逐渐从叶尼塞河流域西迁至伊塞克湖附近，形成比较稳定的共同生活地域。18~19世纪，吉尔吉斯人开始与浩罕汗国结盟。18世纪中叶，在清朝平定准噶尔以及新疆大小和卓叛乱的过程中，大部分吉尔吉斯人臣属于清朝，浩罕汗国本身也成为清朝的藩属之一。19世纪20年代之后，浩罕的力量逐渐扩张，并侵入清朝传统的控制区域，将原先臣属于清朝的一部分吉尔吉斯人纳入自己的控制之下。[1] 从历史疆域来看，该国西部在19世纪上半叶为浩罕汗国的一部分；在俄国向中亚推进的过程中，1868年，吉尔吉斯斯坦区域北部归并于俄国；1876年随着浩罕汗国的灭亡，吉尔吉斯斯坦区域南部被改为费尔干纳省，纳入俄国版图。1881年，清廷在沙俄压力下，被迫签订《中俄伊犁条约》，中国失去了伊犁以西包括吉尔吉斯人长期生活的大

---

1 马大正、冯锡时主编《中亚五国史纲》，新疆人民出版社，2005，第113页。

片领土，这一区域构成了如今吉尔吉斯斯坦的东部区域。1917年，在十月革命的影响下，当地建立苏维埃政权，1924年成立卡拉吉尔吉斯自治州，隶属于当时的俄罗斯苏维埃联邦社会主义共和国。1925年卡拉吉尔吉斯自治州改建为吉尔吉斯自治州；1926年2月又改建为吉尔吉斯苏维埃自治共和国，仍属于俄罗斯苏维埃联邦社会主义共和国；同年5月，首府比什凯克改称伏龙芝。1936年12月成立吉尔吉斯苏维埃社会主义共和国，随后作为加盟共和国加入苏联，1990年12月12日发表主权宣言，1991年2月5日，其首都伏龙芝恢复历史名称比什凯克，同年8月底正式独立。1992年1月5日，中国与吉尔吉斯斯坦正式建立外交关系。

作为中亚地区的一个重要国家，吉尔吉斯斯坦在欧亚区域安全与合作方面占据枢纽位置，同时成为周边和域外大国关系协调的主要着力点之一。正是由于中国与吉尔吉斯斯坦彼此互为陆地邻国的地缘现状，了解和认识吉尔吉斯斯坦，将不仅有助于我们更好地认识中亚、欧亚甚至更大范围中的国际关系进程，而且有助于我们更好地了解历史和当代中国所面临的边疆问题。不管是从历史还是现实的层面上看，在我们传统的对吉尔吉斯斯坦的认知中，存在着两种基本的阶段性认识框架，一种是基于历史学维度的中西交流史或中外关系史的认知，另一种则是基于国际关系或政治学维度的中苏关系、中国-中亚关系认知。在前一种认知框架下，对吉尔吉斯斯坦的理解和分析主要侧重于对作为历史上丝绸之路重要通道的相关区域的认知；而在后一种认知框架下，对吉尔吉斯斯坦的认知则基本服从于对苏联的认知以及之后与新独立的吉尔吉斯斯坦的新关系，两者之间存在着具体空间上的断裂以及时间线上的空白，这种情况不利于我们形成对乌兹别克斯坦的整体性认知。随着中国对外视野的逐步扩大，我们对于中亚的认知也将逐渐超越这种断续性的局面，开始进入一个新的、更具有连续性和前瞻性的阶段。正因如此，笔者力图通过对近代中国知识视野中的吉尔吉斯斯坦及其所在区域情况的梳理与勾勒，以更好地了解和认识吉尔吉斯斯坦这一形象在近代中国的形成与演变过程，进而从一个侧面揭示中国社会及其知识人在复杂动荡的近代转型中所忽略的中亚认知的具体场景与细节问题，从而使我们的对外认知图景更为全面和完善。

时局与认知：近代中国视野下的吉尔吉斯斯坦区域

19世纪下半叶，近代中国正经历着一个漫长而又苦涩的转型期，这种转型不仅表现为传统的经济社会结构在帝国主义力量面前节节败退，而且体现在当时中国人认识外部的范围与心态波折过程之中。面对数千年未有之大变局，如何认识纷繁变幻的外部世界，尤其是与当时中国接壤的周边力量，就成为当时国内知识界所关注的重要议题。在这当中，如何重新去认识当时地缘政治变化之后的"西域"，并形成近代中国自身关于中亚区域的新认知，就成为当时中国知识界与思想界的重要议题之一。

当然，由于思想和认识层面的迁延性，人们对于中国西北周边区域及其内部政治单位的认知转变也不可避免地受到既有认知框架的影响，因此，要清晰了解这种转型的过程，就需要将时间轴进一步前推到清朝前中期，唯此我们才能更清楚地看到关于中亚及其相关具体区域的认知，以及在这背后国家政治与地缘环境的变迁。

早在乾隆二十九年（1764），因清廷重新统一新疆地区，乾隆帝特诏命重修《大清一统志》。对此，御史曹学闵奏请将西域、新疆增入《大清一统志》。曹学闵称："《大清一统志》……久已颁行海内，近年来平定准噶尔及回部，拓地二万余里，实为振古未有之丰功。前命廷臣纂修《西域图志》，并令钦天监臣前往测量各部经纬地度，增入舆图。惟《一统志》尚未议及增修，请饬儒臣查照体例，将西域新疆敬谨增入。再查《一统志》自成书以后，迄今又二十余年，各省府厅州县添设裁并多有不同，亦应查照新定之制逐一刊改。"[1]在乾隆年间续修的《大清一统志》中，首次为新疆地区设立了"西域新疆统部"。这是"西域"与"新疆"两个指称首次并用，而这种并用在某种程度上意味着清廷当时已经逐渐意识到"西域"与"新疆"之间的不同，由此逐渐形成了各自含义与范围上的分疏。

进入19世纪，随着当时知识界对外部真实世界的认知逐渐深入，西域开始脱去其在中国传统历史叙述中泛指西部疆域版图的一般性意义，而成为一个既容纳国内行省又包含周边藩属国的庞大区域。当时国内思想界的代表人物龚自珍于1820年在《西域置行省议》中这样写道："天下有大物，浑员曰海，四边见之曰四海。四海之国无算数，莫大于我大清。大清国，尧以来所谓中国也。其实居地之东，东南临海，西北不临海，书契所能言，无有言西北海状者。今西极徼，至爱乌罕而止；北极徼，至唐努海总管治而止。若干路，若水路，若大山小山、大川小川，若平地，皆非盛京、山东、闽、粤版图，尽处即是海。此西域者，释典以为地中央，而古近谓之为西域矣。我大清肇祖以来，宅长白之山，天以东海界大清最先。世祖入关，尽有唐尧以来南海，东南西北，设行省者十有八，方计二万里，积二百万里。古之有天下者，号称有天下，尚不能以有一海……今圣朝既全有东、南二海，又控制蒙古喀尔喀部落，于北不可谓逾。高宗皇帝又应天运而生，应天运而用武，则遂能以

---

1 《清高宗实录》卷722，乾隆二十九年十一月戊申。

第五章 欧亚之枢

承祖宗之兵力,兼用东南北之众,开拓西边,远者距京师一万七千里,西藩属国尚不预,则是天遂将通西海乎?未可测矣。然而用帑数千万,不可谓费;然而积两朝西顾之焦劳,军书百尺,不可谓劳;八旗子弟,绿旗疏贱,感遇而捐躯,不可谓折……然则一损一益之道,一出一入之政,国运盛益盛,国基固益固,民生风俗厚益厚,官事办益办,必由是也,无其次也。"[1] 他在文中将广阔的"西域"空间大致分解为"行省"、"西藩属国"和"西海",大致对应如今的中国新疆、中亚诸国和中亚以西区域。这一划分方式,体现了国内知识界开始有意识地将"西域"空间加以区隔处理,进而为更好地认识疆域空间上的"中"与"外"提供思想基础。

差不多在同一时期,清末知识界的另一位代表人物魏源在《海国图志·叙》中这样写道:"《海国图志》六十卷,何所据?一据前两广总督林尚书所译西夷之《四洲志》,再据历代史志,及明以来岛志,及近日夷图、夷语,钩稽贯串,创榛辟莽,前驱先路。大都东南洋、西南洋,增于原书者十之八;大、小西洋,北洋,外大西洋,增于原书者十之六。又图以经之,表以纬之,博参群议以发挥之。何以异于昔人海图之书?曰:彼皆以中土人谭西洋,此则以西洋人谭西洋也。"[2] 这一认识在某种程度上可以说表达了当时知识界在认识外部世界方面的重大转变,即在对外认知图景的形塑方面,逐渐摆脱仅仅以传统的中国知识来描述外部世界的方式,开始对用外域语言描述的外域知识加以系统性的介绍,从而形成了一个与以往基于中国语境的认知图景截然不同的认识框架,在当时意义深远。[3]

---

[1] 龚自珍:《西域置行省议》,《龚自珍全集》第1辑,中华书局,1975,第105~111页。
[2] 魏源:《海国图志》,岳麓书社,1998,第1页。
[3] 韩子奇(Hon Tze-ki):《"开眼看世界"——论晚清地理教科书中的全球图像》,载张仲民、章可编《近代中国的知识生产与文化政治:以教科书为中心》,复旦大学出版社,2014,第3~16页。

上述两方面的准备使近代中国知识界逐渐接受了外域知识及其塑造的世界框架，并在此基础上重新认识中国及其周边。到 20 世纪初，在当时中国的地理教科书中，有的已经专门说明了亚洲诸国饱受殖民侵略的总体形势："方今独立之国，自日本外，惟清、韩、暹罗、波斯四国，基础未固，多为强国所乘。其余各地，皆为欧米各国占领，为藩属及殖民地。欧米之人，竟以此洲为扩充之场也。"[1] 并进一步将其中的亚洲部分区分为"露领"（俄国占领）、"英领"（英国占领）、"佛领"（法国占领）以及"和兰领"（荷兰占领）等，其中中亚地区主要为"露领"。[2] 鉴于教科书的使用普及度，我们可以说，20 世纪初的国内知识界已经充分意识到中亚地区所发生的地缘政治大变革，那就是俄国对这一区域的整体性控制已经成为现实。到了 1912 年，在孙毓修、朱元善所编的由商务印书馆出版的《外国地理讲义》中，第二章"亚洲俄罗斯"叙述了中亚（中亚细亚）的情况："中亚细亚，亦称土耳其斯坦，介于西伯利亚、波斯高原之间，东邻中国，西滨里海，面积凡一千二百余万方里。"在这个叙述中，就已经把传统的西域与中亚区分开来，"中亚细亚"专门指称俄国中亚区域，这种叙述将中亚与俄国控制区域内在地联系到一起，也成为后世对于中亚政治地缘所属的一般性认知。

与此同时，当时中国与俄国的地缘政治博弈及其相伴而生的一系列边界条约则在现实政治层面形塑了中亚版图新的样态。清廷与俄国在 1864 年签订《中俄勘分西北界约记》，将位于巴尔喀什湖以东、以南以及斋桑淖尔（今斋桑泊）南北共 44 万多平方千米土地割让给俄国；在 1881 年、1884 年又被迫分别签订《中俄伊犁条约》

---

[1] 吴闿生：《改正世界地理学》第 1 卷，文明书局，1903，第 3 页。
[2] 吴闿生：《改正世界地理学》第 1 卷，第 40~50 页。

《中俄续勘喀什噶尔界约》，先后失去伊犁以西以及帕米尔地区吉尔吉斯人长期生活的大片领土，其中一部分区域构成了如今吉尔吉斯斯坦领土的重要部分。尽管这些条约无疑是中国方面在沙皇俄国强权压力之下签订的不平等条约，但在客观上成为近代中国认识吉尔吉斯斯坦的现实基础。

正是在上述的空间认知基础和现实基础之上，中国知识界开始逐渐有了对于构成如今吉尔吉斯斯坦疆域的相关地域的基本认识框架，进而形成了对于吉尔吉斯斯坦历史与现实的新认知。

如果说19世纪的中亚历史相对封闭，这一地区的地缘政治主动权在后期主要掌握在俄国手中的话，那么20世纪的中亚历史则充满着动荡与转折。20世纪初期，"经济的发展、新思想的传播以及1905年的革命动乱，都预示着变革的到来，随着第一次世界大战的爆发，旧制度的灭亡已经迫在眉睫了。俄国中亚也同世界上其他地区一样，前十年的许多理想和价值都被置于一旁或者不可避免地被改变了；许多思潮都被窒息或歪曲。人们很快就感受到了战争的影响"。[1]俄属中亚地区经历着各种思想的洗礼，深受来自俄国欧洲地区政治形势的影响。1916年，为扭转欧洲战场的不利局面，沙俄当局强征中亚吉尔吉斯人服兵役，引起吉尔吉斯人大规模的反俄起义。随着1917年俄国十月革命的爆发，俄属中亚地区也逐步建立起苏维埃政权。1918年4月，突厥斯坦苏维埃社会主义自治共和国在塔什干正式成立，中亚吉尔吉斯人分属于该自治共和国不同行政区。从20世纪20年代开始，苏联政府开始逐步在中亚地区进行大规模的行政改革和民族划界。1924年5月，当时的俄共（布）中央委员会中亚局专门组建了三个分委会——乌兹别克、哈萨克和土库

---

[1]〔英〕加文·汉布里主编《中亚史纲要》，第297页。

曼分委会，讨论相关事宜，其中吉尔吉斯的自治问题由哈萨克分委会负责。1924年成立卡拉吉尔吉斯自治州，隶属于当时的俄罗斯苏维埃联邦社会主义共和国，其首都由塔什干迁往比什凯克。1925年改建为吉尔吉斯自治州，1926年2月1日又改建为吉尔吉斯苏维埃自治共和国，依然从属于俄罗斯联邦。1936年12月5日，吉尔吉斯苏维埃自治共和国改为吉尔吉斯苏维埃社会主义共和国，正式成为苏联的加盟共和国。[1] 这一事件是吉尔吉斯斯坦在苏联内部地位的一次根本性变化，其开始从附属于俄罗斯的次级政治体转变为与俄罗斯平级的加盟共和国，从而开始形成延续至今的吉尔吉斯斯坦基本国家结构。

清末之前国内对于吉尔吉斯斯坦的认知主要集中在决策层对吉尔吉斯人分布情况的了解与掌握方面，这些认知服从于清廷对蒙古准噶尔部以及俄国的总体政策。当时留下的相关记述主要是吉尔吉斯各部首领与清廷（经由边地将领）的往来文书。例如，在1758年，清军将领兆惠、富德等在深入中亚伊塞克湖、塔拉斯河等地追击准噶尔阿睦尔撒纳残部的过程中，曾派乌尔登等人向在纳林河中游地区游牧的吉尔吉斯部落头人图鲁起拜等宣读乾隆帝的招抚谕文。在1759年清军平定大小和卓之乱后，曾派员赴安集延等地招抚吉尔吉斯人，当时的首领阿济比代表西布鲁特十五部向清军将领兆惠表示归属，在信件中说道："当率诸部，自布哈尔迤东20万人众，皆作臣仆。"[2] 此举影响深远，标志着清朝对浩罕以东整片吉尔吉斯人的生活地域实现了有效治理。在一般知识界，对吉尔吉斯人及其所在区域的认知尚付之阙如，更不用说对这一区域的专门讨论了。

---

1 〔苏〕卢宁等：《吉尔吉斯苏维埃社会主义共和国》，韩高译，民族出版社，1957，第103页。
2 傅恒等：《西域图志》卷45。

第五章　欧亚之枢

随着国内近代报刊媒介的兴起，知识界对中国周边事务的认识渠道和讨论空间得到了极大的拓展，对当时俄-苏属中亚的介绍与讨论也逐渐展开。但20世纪初至30年代上半叶吉尔吉斯斯坦政区结构的频繁调整以及中国对苏联中亚地区事务疏于关注的现实，使得当时中国知识界对吉尔吉斯斯坦的了解十分有限。国内知识界真正开始有意识介绍吉尔吉斯斯坦的情况，是从20世纪30年代后半叶尤其是中国进入全面抗战时期开始的。这一方面是由于吉尔吉斯斯坦本身已经基本完成本国在苏联内部行政层面的大调整，开始以较为明晰的形象对外展示；另一方面则是由于在苏联援助中国抗战的大背景下，作为援华大通道的中亚地区，其政治、社会发展状况日益受到国内学界的重视。

就笔者所见，国内较早专文介绍吉尔吉斯斯坦的汉文报刊是1938年的《申报》，该报记载了当年苏联苏维埃各级代表选举的相关情况，其中专门提到了吉尔吉斯斯坦。[1]

进入20世纪40年代，随着苏联援华的进一步深入以及本国卷入苏德战场，中苏双方作为反法西斯同盟国成员，彼此互动更为频繁；与之相应，中国对苏联中亚地区（包括吉尔吉斯斯坦）的介绍也更多、更密集。1940年，《新华日报》以《吉尔吉斯水利工程》为题，介绍了吉尔吉斯斯坦的水利建设发展情况。[2]1943年6月15日，苏联科学院吉尔吉斯分院成立，当时出版的《中苏文化杂志》记载了吉尔吉斯设立苏联科学院分院的情况："（傅隆兹十五日电）苏联科学院在吉尔吉斯首都设立之分院于八月十三日开幕。开幕典礼由苏维埃党政代表、科学家、作家、美术家及其他弟兄共和国之来宾

---

[1]《申报》1938年6月28日。
[2]《新华日报》1940年7月17日，第3版。

参加。苏联科学院主席比亚拉夫发表演说，高级科学研究所之成立——我国内之第九所……证明德国法西斯对苏联各族人民斗争力量估计之错误，在吉尔吉斯之科学院分院将在弟兄共和国中之各科学中心中占光荣之地位，并对于人民之文化进步与对于此共和国不能枯竭与甚少发现之天然富源之开拓有极大之贡献。"[1]

　　1944年，随着二战进入后期，国际战场胜负大局已定，中国对于苏联后方建设情况的兴趣逐渐增强，当时的报章开始出现对吉尔吉斯斯坦工农业生产的相关报道。例如，当年的《时代杂志》就以《日用品产量激增的吉尔吉斯共和国》为题，记载道："这个共和国地方工业的工厂，今年的产量到年底可望达到一九三九年时百分之六百九十。因为在战时，他们以一部分的力量致力于促进这类工业，其中大都是出产大众日用品的小厂家。今年，由于生产率高，与利用地方上的原料开办新生产业，产量增加得惊奇的迅速……促进地方工业中大部分的工作是由入厂代替参加军队的男人的妇女担当。广大的教育与训练工作保证工厂有了必要的技术人员。"[2]

　　经由二战，苏联作为欧洲战场的决定性力量和亚洲战场的重要力量，成为雅尔塔体系确立的世界两大力量中心之一，开始产生国际性的政治军事影响。对其内部事务的关注自然也成为当时对战后世界秩序和国内重建充满期许的中国知识界的关注重点。顺应这种形势，大批关于苏联国内情况的书籍陆续出版，其中就包括对吉尔吉斯斯坦相关政治、经济、社会发展情况的详细介绍。例如《苏联十六个加盟共和国》一书介绍了苏联十六个加盟共和国的相关情

---

[1]《苏联文化消息：发明与发现：吉尔吉斯设立科学院分院之贡献》，《中苏文化杂志》第14卷第3、4期合刊，1943年，第49~50页。

[2]〔苏〕E. 柯夫斯基：《日用品产量激增的吉尔吉斯共和国》，译者不详，《时代杂志》第4卷第1期，1944年，第20页。

第五章　欧亚之枢

况，其中就包括当时的吉尔吉斯苏维埃社会主义共和国："吉尔吉斯苏维埃社会主义共和国位于北纬四十三度二十分与三十九度四十分之间，东经三十九度六分与零度五十五分（此处似有误——引者注）之间。面积二十万方公里，约等比利时、荷兰、澳大利（即奥地利——引者注）与瑞士四国的总面积。东南与新疆交界，北与卡萨赫斯坦接壤，西南与塔吉克斯坦及乌兹别克斯坦为邻……帝俄掠夺吉尔吉斯是在一八五五年开始的，当时游牧于伊绥克库尔湖东南的鲍古族决定向俄皇投诚。越过卡斯契克山隘的俄国军队遇到塞累巴布希族的吉尔吉斯人的武装抵抗，俄军击溃吉尔吉斯人于托克马克，可是吉尔吉斯人并不立即投降，要完全征服吉尔吉斯并将它从科冈王国版图内分割出来不是一两年能做到的。沙皇为掠夺新殖民地曾蓄意利用种族间与民族间的内讧。一八七五年斯科贝列夫将军利用反对科冈王国的土人起义，掠夺了费冈流域的许多大城市，后来在一八七六年又对未屈服的阿拉斯基和柴阿拉斯基的吉尔吉斯人实行进攻。这次进攻实际上完成了帝俄征服吉尔吉斯民族……一九三六年十一月二十五日，全苏联第八届苏维埃代表大会通过斯大林同志所作的关于宪法的报告之后，吉尔吉斯苏维埃社会主义共和国即加入苏联为第十一个加盟共和国……忠实于列宁斯大林民族政策原则的吉尔吉斯共和国正在一天天的生长和发展。"[1] 1945 年，《苏联十六国的经济》一书在战时陪都重庆出版。该书编纂于抗战即将最终胜利之际，编者记中这样写道："这本小册子，是根据苏联 M. 库特里阿佛佐夫（Mikhail Kudriavtsev）所著《苏联各民族友爱的经济基础》文，库尔斯克（A. Kursky）所著《苏联计划经济》一书，1945 年日历以及其他几种文章和书籍写成的。内容只是一个提纲挈

---

[1]〔苏〕杜勃洛夫斯基等：《苏联十六个加盟共和国》，叶文雄译，商务印书馆，1946，第 100~107 页。

领的介绍，对于认识及研究友邦苏联可作为一初步的读物。当兹国人努力抗战准备建设新中国之际，编者特将此书贡献给我国一般读者，想来是必要的。"[1] 书中记述了吉尔吉斯加盟共和国的经济发展情况，其中写道："吉尔吉斯苏维埃社会主义共和国（The Kirghiz S. S. R.）在苏联中亚之中部，与中国为邻。过去没有大规模的工业，现在已建立起大的炼糖工业、缫丝工业、制革厂、烟草工业、制造新的纤维制皮的工厂、农业机器修理厂、轧棉厂、煤矿、金矿以及其他工业企业。吉尔吉斯是中亚各共和国中的一个重要的煤站。该共和国农业中主要的一个部门，就是牧畜业，在山地及山麓有许多肥美的牧场。大部分牧畜的人们，已过到一种定居的生活。共和国中的可灌溉的田庄大大发展了，因为还有马群的牧畜。有一半耕种的土地，是种着棉花以及在吉尔吉斯新近种植的东西，如甜菜、南方的苎麻、长织线麻、烟草、罂粟，此外还有果木园、葡萄园以及许多英亩的谷类。旱田主要是种植五谷。在苏维埃政权下，已建设了一条铁路将该国的首府佛福兹（Frunze）和苏联的铁路网联结了起来。在过去，在吉尔吉斯的朱伊（Chui），是一个与世界孤立的小国，它有它自己的语言、风俗习惯以及它自己耕种土地的制度。在今天，在集体农场的田园上，已用不着采用过去的原始工具了。原始的木犁及木耙，不论是杜干（Dungan）的、吉尔吉斯的或俄罗斯的，现在都搁置不用而陈列在博物馆中以作为往日生活的证明了……吉尔吉斯现在已被称为中亚的一个汽锅房。中亚四个共和国的铁路及工厂，都是用这里的煤工作。每年有二百余万吨煤，是在佛尔哈纳（Ferghana）盆地出产的……"[2] 1947年，该书以《苏联的经

1　焦敏之编《苏联十六国的经济》，中外出版社，1945。
2　焦敏之编《苏联十六国的经济》，第29~33页。

济》为题在中外出版社重新出版，内容基本上没什么变化。

　　1947年，时值俄国十月革命三十周年，中国报章频繁刊载关于吉尔吉斯斯坦的信息。据不完全统计，当年刊出的报道多达15条，如《吉尔吉斯的东干集体农场》、《苏联吉尔吉斯共和国首都艺人推荐斯大林为候选人》、《伟大十月社会主义三十周年的苏维埃吉尔吉斯》[1]、《吉尔吉斯集体农产的财富》、《吉尔吉斯的赶马老人：照片》[2]、《吉尔吉斯苏维埃共和国：吉尔吉斯国营畜牧场的羊群：照片》[3]、《吉尔吉斯苏维埃共和国：吉尔吉斯共和国首都傅龙芝的医学院：照片》[4]等。此外，《战时苏联地理学者之总动员》一文则指出："中亚细亚之地理研究，除哈萨克外，更从事其毗连区域之调查，如南之吉尔吉斯北部，北之鄂木斯克、车里亚宾斯克、吉尔干，同时对于阿尔泰山区及汾甘纳低地，亦均有贡献。"[5] 同年11月，苏联驻华大使馆新闻处在南京以中文编印《三十年来的苏联》一书，其中收录了时任吉尔吉斯共和国最高苏维埃主席团成员伊莎耶夫所写的《苏维埃政权给了吉尔吉斯青年些什么？》一文，其中写道："在那天山插入云端的地方，苏联的东南部，有一个非常美妙的国家。这便是我的祖国——苏维埃的吉尔吉斯。永远披着白雪的山峰，辽阔的阿里比草原，都是非常伟大的，高山上的湖泊格外的美丽。河流和哗然的瀑布挟着它们的水猛烈的流下。吉尔吉斯的森林广大无边，它的植物世界的多样性令学者们感到惊异。而且到处

---

1 〔苏〕苏耶尔库洛夫：《伟大十月社会主义三十周年的苏维埃吉尔吉斯》，译者不详，《新闻类编》第1619期，1947年，第21页。
2 《吉尔吉斯的赶马老人：照片》，《时代杂志》第7卷第10期，1947年，封一。
3 《吉尔吉斯苏维埃共和国：吉尔吉斯国营畜牧场的羊群：照片》，《时代杂志》第7卷第38期，1947年，第1页。
4 《吉尔吉斯苏维埃共和国：吉尔吉斯共和国首都傅龙芝的医学院：照片》，《时代杂志》第7卷第38期，1947年，第2页。
5 严德一：《战时苏联地理学者之总动员》，《申报》第24960号，1947年8月11日。

都可以看到自由的吉尔吉斯人民创造劳动的成绩：工厂的烟筒在冒着烟，矿井的挖掘机和石油采掘机高耸着；百花怒放的盆地纵横着运河；深谷上面悬着建筑良好的桥梁；耕作过的田野宽阔地平铺在那儿；数千的畜群在山地的牧场——阿里比的草原上放牧着。不久以前我的祖国还是落后而且贫苦的。它的巨大的富源——煤炭、石油、稀有的及有色的金属，任何人都不知道。农业处于未发育的状态。牧畜便是这国家中基本居民的主要工作。吉尔吉斯人带着自己的畜群在山谷之间游牧，从一个牧场走到另一个牧场。土地和畜群都是属于极少数人的。绝大多数的吉尔吉斯人民大众都为富人而工作。这里从来没有过学校，更不要说俱乐部和剧院了。吉尔吉斯人通常都是文盲，人民因为疾病而死亡着……十月社会主义革命在吉尔吉斯人民的生活中奠定了新时代的开始。这是他们的民族复兴和社会繁荣的时代。沙皇俄国过去的殖民地的面貌已经认不出来了；青年们的情况已经根本地改变。苏维埃政权给了他们学校、学院、俱乐部和剧院、自由而愉快的劳动、无限的发展的机会与前途……我属于吉尔吉斯人在苏维埃政权的时期长成的那一代。关于我们的民族和我们的青年们从前怎样生活这一件事情，我是从书籍上和老人的故事中知道的。我的父亲是一个牧放畜群的，不识字而无知的人。然而我的生活多么不像我父亲的生活。靠了苏维埃国家的关怀，我受了高等的教育，我积极地参加了国家的工作，帮助改建祖国吉尔吉斯的生活……吉尔吉斯的青年们坚定地相信着自己的光明的未来。他们非常的明白，这一个未来是属于劳动的人们，这些人们热爱着自己社会主义的祖国，自己贤明的布尔什维克党和人民的领袖斯大林。"[1] 值得注意的是，当年也出现了对之前从中国西部

---

1 苏联大使馆新闻处编印《三十年来的苏联》，1947，第 91~94 页。

迁居出去、如今生活在吉尔吉斯斯坦的"东干人"及其社会组织活动的相关介绍，这使我们得以了解这一群体更为细节化的日常生活场景。1947年《吉尔吉斯的东干集体农场》一文这样写道："很难想象出来，在二十年以前，这些被尖锥形的白杨围绕着的景物如画的村落，这些茂盛的花园与田野之处，不过是一片荒芜，遍布着烧过的野草的斑迹……除了当地的吉尔吉斯人以外，哥萨克人、鞑靼人、乌克兰人、东干人移居到这个迄今无人烟的乔斯克盆地。他们在自己新的土地上成立了丰富的集体农场。不久以前我们曾到过东干人的村子，那是乔斯克盆地的东部。东干这一民族是革命以前从中国来到这儿的。但他们十五年以前才定居在乔斯克盆地。他们保持着自己的生活习惯。在他们的小屋子的平顶上开放着罂粟，燕麦也在发绿。沿着街道伸起一排粘土和麦秆做成的围墙。小小的院子中长着桃树杏树，小村的四周像丘地一样降下稻田，由于水和反映在水中的天空闪着蓝色。东干的集体农场名字叫作弗隆兹集体农场，我们曾访问过它，是吉尔吉斯最大和最富足的农场之一。当你走进集体农场的时候，好像跌进了一个不大而整齐的镇中。村中央有一所石头建的戏院，大厅可容三百人，有为演员预备的房间和休息的走廊。并排有两所学校，一个有淋浴和浴池的澡堂，集体农场经理部的红色的房子……东干人是一种有很古的中国文化的民族。他们曾怀想过真正的农民劳动，在吉尔吉斯得到了土地以后，他们仔细地开垦每一小块田地，整理好灌溉用的运河网，在土壤上施肥，并且开始播种自己的民族文化——稻米……乔斯克盆地有九个东干人的村子。大多数的农民早已团结成集体农场。这使得他们有巨大的优先权共同用机器耕地，和正确地分配稻田里的水。集体农场的收入，除了在农民们之间照劳动日的多寡去分配以外，用在建设学校和农民的新房子，给图书馆买书，和电影放映机上。集体农场用自己剩余的钱买减轻耕作劳动的工具与机器。这些来自中国的人们工作在社会主义的国家中，和定居在苏联的其他民族享受同等的权利，并且享有苏维埃政权赋予他们的一切特权。"[1]

在接下去的一段时间里，中国对于吉尔吉斯斯坦的介绍又进一步拓展到社会改革、边疆史地、艺术生活等议题，吉尔吉斯斯坦的形象与认知也在向多元与立体发展。1948年的《塔兹克、吉尔吉斯、哈萨克——毗连我新疆省的三个苏联的社会主义共和国：附照片》一文记载道："图画一般的塔兹克和吉尔吉斯两共和国都在中央亚西亚，而且是紧紧相邻的。疆域全是山地，在苏联各邦中地势最高。各拥有人口一百五十余万。给乌兹别克、土尔克曼及哈萨克等国供给水源及灌溉田地的大河如阿穆•达亚、塞尔•达亚等河流，均由塔兹克及吉尔吉斯的高峰中发源。这两国的土地只有极小部分是谷地及山坡……本邦东西区有个地方相传是古代亚当被上帝逐出伊甸园之后住居的所在，他在山外建设了诺史城（Osh），那是世界第一古城。现在是吉尔吉斯共和国的丝织业中心。据说，亚当曾带了几条蚕在身边，给他的赤身露体织了衣服，这便是该城丝业的起源（译者按，中亚及欧洲的蚕种和丝，约在前汉时从我国经西域各国向西传去）。这个传说使许多人相信人类最早的住处也许就是吉尔吉斯。可是没有人敢信吉尔吉斯人就是最原始的人类。在十三世纪以前，当这些面孔扁平的鞑靼人到来之前，是什么遗迹也没有的。在这之先，他们曾经游行全亚，有一时期，甚至到了中国的北京。稍后，鞑靼人被蒙古的大汗国所征服，最后又以苦战反抗俄国的沙皇。俄国大革命前一般人都误称它为加拉吉

---

[1]〔苏〕伊里契娃：《吉尔吉斯的东干集体农场》，译者不详，《新闻类编》第1616期，1947年，第25~27页。

第五章 欧亚之枢

尔吉斯（Karakirgiz），而北面的哈萨克人反混称为吉尔吉斯人，因此到如今，哈萨克共和国北面的大草原还袭旧称，叫作'吉尔吉斯大草原'。吉尔吉斯人是山居的游牧民族，住在黑色的帐幕或泥土的小房子里，屋顶是平的，顶上可以存积冬天用的干草……和别的落后民族一样，吉尔吉斯人在帝俄时代的生活充满着贫困污秽和疾病。据说他们大多数人一生只洗过两次浴，生下来的时候一次，死的时候一次。革命之前，人口锐减，一九零三年到一三年的十年间减少百分之十，当时识字的人，还不到百分之二……今天的吉尔吉斯可大不相同了，自从二十世纪二十年代参加苏联以来，它就有着飞跃的进步。它起初是自治共和国，到一九三六年成为一个联邦共和国。这些年间，吉尔吉斯人的生活，已大半由游牧转为农业，生活比前安定许多……但今天的吉尔吉斯可也不会忽略了工业，电力厂到处都是，煤及其他矿产大量开发，近年科学家发现这里是全苏联稀少金属蕴藏最富的区域……吉尔吉斯的文化教育，也和工业农业有相同的进步。最显著的成功就是制定了方言字母。一九三九年，本地识字人数已增加到百分之七十。不过本地人的旧习俗一时尚不能完全去掉，例如他们还是穿那填了棉花的袄裤，白色沿有黑边的毡帽。"[1] 在同一年的 10 月 1 日,《大公报》浙江大学史地研究所主办"版图"栏目第 20 期刊发张其昀的文章《北方边外》，其中写道："中国建国的前途，首先要看北方局势的安危，这是尽人皆知的事。近二十年来，世界地理上最大变迁，是苏联国力的骎骎东向……苏联的边疆便是我国的边疆……吉尔吉思国在乌孜别克之东，热海（Issyk Kul，面积约二千四百方英里）、吹河（Chu）

---

[1] 〔美〕拉芒特:《塔兹克、吉尔吉斯、哈萨克——毗连我新疆省的三个苏联的社会主义共和国：附照片》,伯庸译，《中学生》第 197 期, 1948 年，第 37~40 页。

即在是国境内。首都日夫伦士（Frunze）位于吹河沿岸。全国面积七万六千方英里（犹五倍于瑞士），人口一百余万，吉尔吉思人占三分之二。此族在新疆称布鲁特人……其生活多在山上放牧，现在本地只大尾羊与美利奴种交配，本地体格较小而以耐劳著称的良马，与阿剌伯与英国种交配，成绩至佳。吹河流域现有织布、制糖等业……我们环顾中苏边界，得到几点深刻印象。第一，这些地方大都本是中国旧壤，八十年来，几度划界，几次失地，至今大片版图仍在变色之中。第二，中苏两国的边疆民族……种族同、语言同，彼此互有吸力，苏联一贯的扩张政策，深堪注意。第三，苏联确能启发边疆的宝藏，例如天山、阿尔泰山之麓，自从农牧改良、工矿振兴而后，均已一变而为精华荟萃之区，而我国方面空虚落后之状，自不免相形见绌。第四，苏联的铁道网已经环绕我边界一周，并有多数支线及公路线、航空线，深入我国门庭重地，演成目前我国边疆政治、经济及文化上外重内轻的现象，瞻念前途，真有不胜忧惧之感……"[1] 该文在对包括吉尔吉斯斯坦在内的苏联与中国接壤地区的社会建设状况的介绍中，提出要重视中国边疆地区的社会建设与发展，只有这样，才能从根本上保障国家安全与稳定。此外，当时还有关于吉尔吉斯斯坦艺术方面的相关介绍，例如《吉尔吉斯的演剧生活》一文这样写道："……几盏水银灯在山丘上燃亮起来，照着低低的用毛毡铺着的木台。指挥者举起指挥棒，弦乐队振动弓弦。美女爱依·朱列克走到舞台上去，唱着诀别的歌曲……前面的观众坐在草地上，后面的站着，骑着马的人从后边看着舞台。二千五百多个康特斯基区的吉尔吉斯农民倾听着'爱依·朱列克歌剧'。响亮的广播机

---

[1] 张其昀：《北方边外》，《大公报》1948年10月1日，第7版。

第五章　欧亚之枢

在狭窄的山谷上传播着音乐的旋律和歌曲的字句。在夏季的时候，吉尔吉斯的歌舞剧院就举行这样的旅行演剧。乘载着演员和音乐家的汽车，装满舞台装置和道具的卡车都往矿坑和集体农场驶去。通常在五月，剧院的管理人就开始接到邀请旅行的申请书。在夏天，吉尔吉斯的剧院、木偶戏院和吉尔吉斯音乐爱好会的音乐团体都分别出发到各村庄、各工厂和各矿场去……"[1]

到了1949年，随着中国政治形势的变化，中国舆论对苏联中亚地区以及吉尔吉斯斯坦的现代化发展开始加以特别关注。《苏联近事：其他：吉尔吉斯共和国过去一年间的成就》一文就介绍道："吉尔吉斯最高苏维埃主席团主席杜拉巴伊·库拉托夫去年十二月廿八日对塔斯社记者说，吉尔吉斯的劳动人民在过去一年中遭逢了许多愉快的事件。许多企业早在预定限期之前，就完成了他们的全年计划。煤矿工业在十月一日，达到了五年计划中的一九五〇年度水准。集体农人们获致了丰收。吉尔吉斯共和国在限期以前完成了谷物储藏计划。畜牧发展计划亦已超额完成。大规模工业建设正在着手进行中。在集体农场上，建造了许多电力厂。公众教育也有飞跃的进步。本年肄业的学生，约增加二万人。最近又开设了一所新的师范学院。医药机构的数目也大见增加。去年，吉尔吉斯共和国庆祝苏联科学院吉尔吉斯分院的第五周年，这个机关对于从共和国当地人民中间培养科学干部的一点，贡献极大。"[2] 在同一年，著名作家茅盾还专门写有《吉尔吉斯共和国京城之街景》一文，记述了当时伏龙芝城的情景。[3]

1　〔苏〕S. 彼克屠尔苏诺夫:《吉尔吉斯的演剧生活》，苏联大使馆新闻处编《苏联建国三十一年：新闻类编特刊》，1948，第123页。
2　作者不详:《苏联近事：其他：吉尔吉斯共和国过去一年间的成就》，《新闻类编》第1683期，1949年，第31页。
3　茅盾:《杂谈苏联》，生活·读书·新知联合发行所，1949。

结语：认知热点与中国议题

总体而言，近代中国在对吉尔吉斯斯坦的认知方面，经历了如下几个较为明显的阶段。19 世纪中叶至 19 世纪末，这时期对于吉尔吉斯斯坦的认知主要局限在最高决策层，其认识服从于当时清朝与俄国的双边政治军事关系和地缘议题，普通知识界对吉尔吉斯斯坦所在区域的情况基本上没有什么了解，更无从知晓当时中俄之间围绕边疆问题进行的交涉与博弈。20 世纪初到 20 世纪 30 年代前期，由于这一时期中国内部的政治变革，知识界的关注重心转向欧美和日本，加之苏联中亚地区频繁的政区调整，国内对于吉尔吉斯斯坦的认识多有波动，总体的认识图景尚不明晰，并存在较长时期的信息滞后。20 世纪 30 年代后期到 40 年代中期，随着苏联中亚政区调整的完成和吉尔吉斯斯坦基本疆域、政治结构的确定，以及苏联与中国在第二次世界大战中并肩作战，苏联中亚－中国新疆这一苏联对华援助大通道日渐重要，国内知识界对吉尔吉斯斯坦的认知更为深入，并且开始对该国的政治、社会情况进行系统性介绍。20 世纪 40 年代中期到后期，随着二战的结束和中国国内政局的变化，关于中国国家重建和现代化的话语开始成为国内知识界的讨论热点，作为苏联国内建设一部分的吉尔吉斯斯坦的国家建设及其现代化发展情况也相应成为国内介绍和认知的重点。

中国对周边国家的认知在很大程度上是中国对自身问题关注的一种折射，近代中国的吉尔吉斯斯坦认知就是鲜明的例证。随着中国对外视野的进一步扩大，尤其是伴随着"一带一路"倡议的进一步实践，中国对于中亚的认知也将逐步超越官方和知识精英的层面，而逐渐在一般知识界和公众层面加以展开。这种新的"一般"

中亚观的出现，将有助于我们更好地认识和理解中国的中亚认知流变以及更为具体的对于吉尔吉斯斯坦的认知转变过程，也将进一步为中国－中亚、中国－吉尔吉斯斯坦之间的彼此交流与互视提供新的契机与可能。在这一过程中，我们也得以更好地认识和思考中国本身。

第六章　高山之国：塔吉克斯坦的形象生成与认知塑造

中国视域与"中亚问题"

　　一个国家对外认知图景的形成，既是本国知识界域外视野日渐深化的过程，也是该国与周边及域外邻国政治、经济和文化关系逐步推进的过程。作为一个拥有众多邻国的东亚大国，中国在认识自身的同时，逐渐形塑了对于外部世界的认知。在古代，中国对于域外的认知较为有限，对域外世界的了解从总体上服从于国内政治与思想秩序的需要。这种内敛性的认知模式，在某种程度上体现了古代中国外部视野的有限性与层层递进特质，不管是"九州"还是"四方"观念，都代表了其认知空间的边界所在（不管这种边界是否真实存在）。与此

第六章　高山之国

同时，中国传统的对外认知中又存在着一种"无外"的原则，蔡邕《独断》曾称："天子无外，以天下为家。"司马迁在其著名的《史记·高祖本纪》中亦指出："天子以四海为家。"在赵汀阳看来，在这种"无外"原则的指称下，"无论如何，至少在理论上……已经排除了把世界作分裂性理解的异端模式和民族主义模式。至于在实践上，'无外'原则虽然不能完全克服作为人之常情的地方主义，但也很大程度上减弱了天下／帝国与其他地方的矛盾。清朝许多学者都自觉地利用'无外'原则来解释规模空前的帝国内部的复杂民族关系，可以看成是这个原则的一个典型应用"。[1]

值得注意的是，在中国的历史话语中，中亚在近代经历了一个与"西域"逐渐剥离并清晰化的过程。而与此同时，当面临俄国这一来自欧陆方向的不同于以往游牧力量的传统威胁时，清代中国曾经秉持的"无外"原则面临新的挑战，这种挑战既涉及曾经的地理空间与分类话语，又涉及人员群体的现实跨界联动以及由此带来的管辖权问题。在这一背景下，长期以来的西域认知逐渐分化为一种基于近代地理知识与地缘政治的"中亚"问题认知，并在中国西北等问题上形成新的分析与解释框架。

作为塔吉克斯坦历史与当代邻国，中国既在历史层面存在与波斯帝国、萨曼王朝、帖木儿帝国、布哈拉汗国以及作为俄国－苏联一部分的塔吉克斯坦的互动关系，又在苏联解体之后形成了中塔之间的现代双边关系，而这两个层面都在积累和形塑着中国视野下的塔吉克斯坦形象。由于学科话语的割裂以及中亚历史时段方面存在的区隔特征（即前文所说的部分互嵌性与完全脱嵌性并存），目前国内知识界对作为"一带一路"倡议沿线的重要国家——塔吉克斯

---

[1] 赵汀阳：《天下体系：世界制度哲学导论》，中国人民大学出版社，2011，第35页。

坦的认知在连续性中存在着某种"断裂",这种断裂主要表现在对近代塔吉克斯坦形象变迁的认知缺失,我们无法较为清晰地认识和把握从认知的部分互嵌到完全脱嵌之间的转变过程。这种认识缺失不利于我们对塔吉克斯坦整体形象的认知,因此有必要对近代中国视野中的塔吉克斯坦区域的认知流变过程加以呈现,而这正是本章努力的方向。

古代至 20 世纪上半叶的塔吉克斯坦

塔吉克斯坦,全称塔吉克斯坦共和国,面积约 14.3 万平方千米,人口 820 万人,位于中亚东南部,东部与中国新疆接壤,南部与阿富汗交界,西部与乌兹别克斯坦毗邻,北部与吉尔吉斯斯坦相连,东西长 700 千米,南北宽 350 千米,是中亚诸国中国土面积最小的国家,境内山地和高原占国土总面积的约 4/5,素有"高山国"之称。全国分为 2 个州(索格德州、哈特隆州)、1 个自治州(戈尔诺-巴达赫尚自治州)、1 个区(中央直属区)、1 个直辖市(杜尚别)。首都杜尚别是该国政治、经济和文化中心,人口 73 万人(2012 年数据)。此外,国内主要城市还有胡占德(或称苦盏)、库尔干秋别、霍罗格等。

1924 年 10 月 14 日,塔吉克苏维埃社会主义自治共和国成立,属当时的乌兹别克苏维埃社会主义共和国。1929 年 10 月,成立塔吉克苏维埃社会主义共和国,作为联盟一级的加盟共和国加入苏联。1990 年 8 月 24 日,该国发表主权宣言。1991 年 8 月,更名为塔吉克斯坦共和国,9 月 9 日宣布独立,同年 12 月 21 日加入独联体。塔吉克斯坦全国共有 86 个民族,其中塔吉克族人口占 68.4%,乌兹别克族占 24.8%,俄罗斯族占 3.2%,其他民族占 3.6%(2013 年数

第六章 高山之国

据）。主要宗教为伊斯兰教和东正教，其中绝大多数居民信仰伊斯兰教。塔吉克语为国语，该语言与现代波斯语极为接近，俄语为族际通用语。

从历史发展的维度来看，塔吉克斯坦所在区域文明开化较早。这一区域在被沙俄吞并前的漫长历史阶段中经受过外部的多次入侵，波斯、亚历山大、贵霜、匈奴、突厥、阿拉伯和蒙古等先后进占该地区，从而使其在社会、文化和宗教层面经历多次变革。如加富罗夫所言："塔吉克民族的形成过程，完成于萨曼王朝统治河中地区和呼罗珊的时期……早在七世纪时，汇合成一个塔吉克民族的诸部落，在地域、语言和文化方面的共同性，就大为增加了，并且具备了形成统一民族的一切前提。阿拉伯人的入侵和他们实行的强迫同化政策，曾经阻挠这一过程，但是结果并没有能消除形成塔吉克民族的历史趋势。"[1] 值得注意的是，塔吉克人作为唯一属于东伊朗语族的民族，其生活地域在历史上曾经是波斯帝国以及伊斯兰化的萨曼王朝（874~999）的一部分，因此在文化层面上受到波斯-伊朗因素多重影响，深深打上了波斯-伊朗文化传统的烙印。从公元5世纪起，萨珊波斯帝国为抗衡在中亚崛起的嚈哒帝国，开始与当时位于中国中原地区的北魏政权频繁交流。[2] 在萨曼王朝时期，其东北部边境与回鹘所建立的王朝（喀喇汗王朝）接壤并产生联系。[3]

长期以来，塔吉克人并没有建立自己的国家，"他们大部分居住在泽拉夫善河流域的布哈拉河费尔干纳的浩罕汗国各地，一部分居住在希瓦汗国和哈萨克汗国奇姆肯特等地。在今塔吉克斯坦境内

---

[1] 〔苏〕加富罗夫：《中亚塔吉克史（上古—十九世纪上半叶）》，肖之兴译，中国社会科学出版社，1985，第176~177页。
[2] 张绪山：《萨珊波斯帝国与中国—拜占庭文化交流》，《全球史评论》第3辑，中国社会科学出版社，2010。
[3] 马雍：《萨曼王朝与中国的交往》，《学习与思考》1983年第5期。

的吉萨尔、喀拉提锦等地，存在着一些半独立的小公国，有时是布哈拉等汗国的附庸。因此，这一时期塔吉克人的历史是和布哈拉汗国、浩罕汗国、希瓦汗国等的历史分不开的"。[1] 13 世纪，这一区域被蒙古人所征服，成为蒙古帝国的一部分，14~15 世纪属于帖木儿帝国，16 世纪开始成为布哈拉汗国的一部分。到 19 世纪，随着阿富汗王国的建立，原来居住在今阿富汗北部的大部分塔吉克人，被人为地与居住在中亚的塔吉克人分隔开来，而中亚的大部分塔吉克人则又居住在布哈拉汗国与浩罕汗国的各个城市、费尔干纳盆地和绿洲当中，此外，也有一些人居住在现今哈萨克斯坦境内山区的半独立领地中，少数居住在希瓦汗国的赫尔哈萨克汗国的城市，如奥李阿塔、奇姆肯特以及中国新疆等地，在北印度和现属伊朗的呼罗珊也有相当多的塔吉克人居住。[2]

俄国在中亚的扩张在很大程度上改变了中亚塔吉克人的发展轨迹。在 19 世纪中叶的克里米亚战争失败后，俄国在欧洲方向西进的势头被逆转，遂转而将扩张的矛头转向东方，中亚就是其中的一大方向。在 19 世纪下半叶，俄国对当时中亚诸汗国进行大规模军事征服。1864 年 9 月，俄军攻占浩罕汗国重镇奇姆肯特，次年占领塔什干，1866 年又先后夺取忽毡（今塔吉克斯坦第二大城市胡占德）以及乌拉秋别等战略要地。1868 年，俄军控制塔吉克斯坦北部区域和帕米尔地区。1876 年 2 月，俄国彻底攻灭浩罕汗国，改建为费尔干纳省，随后逐步控制哈萨克斯坦中部和南部地区。1892 年，俄国彻底完成对塔吉克斯坦地区的征服。而值得注意的是，在俄国十月革命之前，生活在中亚地区的民众只是模糊地意识到族群的区别，还

---

[1] 马大正、冯锡时主编《中亚五国史纲》，第 140 页。
[2] 参见〔苏〕加富罗夫《中亚塔吉克史（上古—十九世纪上半叶）》，第 363 页。

没有清晰的民族－地域认知。[1]

苏联在中亚地区的行政改革真正确立了明晰的中亚民族－地域认知，并从行政层面固化了中亚的民族区域结构，塑造了塔吉克斯坦的当代疆域与认同。1918 年，当地建立苏维埃政权，随后，根据苏联中亚民族区域划界的相关原则，1924 年 10 月 14 日成立塔吉克苏维埃社会主义自治共和国，隶属于当时的乌兹别克苏维埃社会主义共和国，当时该自治共和国的领土面积为 13.56 万平方千米，人口约 82.6 万人，其中塔吉克人有 62 万人，约占自治共和国人口总数的 75%。1929 年 6 月，苏联政府将塔吉克苏维埃社会主义自治共和国升格为加盟共和国，同年 10 月 16 日，塔吉克苏维埃社会主义共和国正式脱离乌兹别克共和国建制，与乌兹别克苏维埃社会主义共和国相平行，同年 12 月 5 日完成加入苏联的全部程序，成为苏联加盟共和国之一。这是历史上首次在这一地区建立以塔吉克命名的国家。就塔吉克斯坦当代国家形成的地缘结构而言，苏联于 20 世纪 20 年代在中亚地区进行的民族划界对塔吉克斯坦造成了多重影响，一方面塑造了延续至今的塔吉克斯坦版图，并在此基础上为塔吉克斯坦参与当代国际事务奠定了现实基础；另一方面，则造就了苏联中亚诸加盟共和国中唯一一个以非突厥语民族为主体民族的共和国，其与其他四国在文化与宗教认同层面形成了微妙的差别。此外，塔吉克斯坦"虽地处丛山之间，但它扼东西交通之要冲，又处当时苏联边防前哨，战略地位的重要性是毋庸置疑的。这可能是苏联政府决定把塔吉克自治共和国升格为加盟共和国的重要原因"。[2]

1929 年起，塔吉克斯坦按照苏联中央政府的统一安排，开始推

---

[1] Geoffrey Wheeler, *The Modern History of Soviet Central Asia*, Westport: Greenwood Press, 1975, p. 7.
[2] 马大正、冯锡时主编《中亚五国史纲》，第 239 页。

进农业集体化。在 20 世纪 20 年代到 30 年代，塔吉克斯坦经济发展得到联盟中央政府在财政上的大力支持，苏联政府还从俄罗斯等地派出大量熟练工人、工程技术人员前往当地进行技术指导。在前两个五年计划（1928~1932，1933~1937）期间，当地经济发展的近 80% 资金由联盟中央政府提供。1941~1945 年卫国战争期间，苏联政府又有计划地将许多工厂设备和技术专家从西部地区迁徙到中亚地区，其中就包括塔吉克斯坦。而与此同时，塔吉克斯坦也动员大量人力、物力支援苏联西部战场。在政治层面，1933 年塔吉克苏维埃执行委员会主席马克苏姆遭到批判和罢免，这揭开了斯大林在苏联中亚各共和国最高领导层中进行清洗的大幕，一直持续到苏联卫国战争时期。

塔吉克斯坦形象：近代变迁与认知构筑

在古代，由于塔吉克斯坦的区域认同尚未形成，因此当时中国知识界对其的认知，都以对当时西域乃至波斯帝国、萨曼王朝、布哈拉汗国、浩罕汗国、希瓦汗国的认识而表现出来，这种认知往往与对哈萨克斯坦、乌兹别克斯坦等当代中亚诸国的历史认知杂糅在一起。

近代中国知识界和舆论界对塔吉克斯坦的认知形成是较晚近的事，基本上是伴随着塔吉克斯坦作为一个同时具备较为明确的族群与地域指向的名称的出现而逐步形成的。从总体来看，近代中国知识界和舆论界对于塔吉克斯坦的认知框架主要由两部分构成：一部分是对塔吉克人历史与文化传统的认知，这种认知相对而言比较连贯，并且中国国内已存在被称为"塔回"的部分塔吉克族（即便当时还没有正式认定），因此其成为构筑近代塔吉克斯坦认知的主要

第六章　高山之国

载体；另一部分则是在对俄国－苏联整体认知的空间下，对于其下属行政单位的塔吉克斯坦政治、经济、社会、文化等相关发展状况的认知，这种认知建基于俄国－苏联国情以及当时中俄、中苏关系的总体状况，并受国际地缘环境因素的影响。总体而言，近代中国视野中塔吉克斯坦形象的呈现是一个由粗略到详细逐步递进与展开的过程，并在此过程中完成了从传统王朝视角的边地叙述向中苏关系总体框架下的对苏联中亚区域的相应认知的转变。

　　从具体的时间线来看，由于苏联加盟共和国一级的塔吉克斯坦直到1929年才正式建立，因此，该信息反馈回中国知识界自然也是较为晚近的事情。就笔者掌握的信息，一直到20世纪30年代的国内出版物中，才正式出现塔吉克斯坦的零星信息。在著名的边疆研究学者华企云所写的《中国边疆》一书中，第三章"边疆邻接各地之地理概况与最近民族运动之鸟瞰"对"中亚细亚"做了专节介绍，并列出了中亚的三个共和国，分别为吉尔吉思（Kirghiz）自治共和国、土可曼（Turcoman）社会主义苏维埃共和国、乌兹伯克（Uzbek）社会主义苏维埃共和国。并指出，在土可曼东内有达辑克（Tadzhik）自治共和国，后面又在注释中称，达辑克一译托辑克，即 Tadzhik。[1] 该书敏锐地注意到中亚对中国边疆稳定的重要性，但在当时的中亚行政区划方面，所呈现的信息有所滞后，将当时已经成为苏联加盟共和国之一的塔吉克斯坦归并到土库曼斯坦境内，而实际上，即便是在升格为加盟共和国之前，塔吉克斯坦也是从属于乌兹别克斯坦的。这在某种程度上反映了当时国内知识界对塔吉克斯坦乃至中亚行政区划知识的缺失与误差，同时在某种程度上印证了近代中国边疆研究与域外知识之间存在的某种断裂与脱节，这也

1　华企云：《中国边疆》，新亚细亚学会，1932，第99~100页。

正是当时贫弱的中国无力有效拓展对外视野的一个例证。

尽管当时的知识界对于苏联中亚的情况所知甚少，但依然有一些报纸文章为当时的国内知识界提供部分信息。例如，在1935年，《大公报》刊登名为《中央亚细亚一带的民族》的文章，记述了苏联中亚的自然环境以及历史上的中亚民族状况，并在"各民族小史及其现状"下的"印欧族"部分记述了中亚塔吉克民族的情况。文中写道："一提到亚洲内陆，往往使人想到重叠的山岭、辽阔的草原、荒凉的沙漠，以及常年跋涉的骆驼队。这种印象也可说有相当的正确，然而近若干年来经各野心国家的积极经营，虽说尚是开发初期，然已大改其本来面目了……塔吉克人（Tadjik），多在阿富汗及塔吉克苏维埃共和国，奉回教，为依兰族之一支，业游牧或半游牧。中国人皆以其为缠回同宗。其交通方法，驴骡较骆驼更重要，盖居地多山岭故也。在新疆境内者称为塔回，语言属伊兰语系。"[1]该文在对苏联中亚现状加以介绍的同时，为我们提供了关于中国境外塔吉克民族及其信仰的基本信息，并顺便介绍了中国境内的相关跨界民族状况。

随着中国抗战的全面爆发和苏联对华援助的推进，中国知识界对苏联国情的认识也日渐增多，国内报刊开始大量刊载关于苏联革命、外交与建设的文章，其中就包含对苏联中亚及内部各加盟共和国情况的介绍，部分内容涉及塔吉克斯坦。进入20世纪40年代，随着苏德战争的爆发，中国关于苏联政治军事时局的报道猛然增多，开始出现对位于苏联中亚地区的塔吉克斯坦相关信息的专门报道。

1941年，《新闻类编》转引苏联《消息报》刊载的由时任塔

---

[1] 李秀洁：《中央亚细亚一带的民族》，《大公报》1935年3月22日，第11版。

吉克斯坦共产党中央委员会书记加福罗夫（也译为加富罗夫）撰写的《抗战中的塔吉克斯坦》一文，其中写道："塔吉克人民的儿女们，正和俄罗斯人、乌克兰人、乔治亚（即格鲁吉亚——引者注）人、白俄罗斯人和乌兹伯克人，并肩携手，英勇地对希特勒股匪作战，或者在后方，以光辉的劳动帮助创造红军的胜利。"[1] 1942 年，中国译介出版了苏联学者杜勃洛夫斯基等著的《苏联十六个加盟共和国》一书。该书分述当时各加盟共和国（含卡累利阿芬兰苏维埃社会主义共和国）的自然地理、历史发展以及社会主义建设状况，其中专章叙述了塔吉克苏维埃社会主义共和国的情况。1943 年，《中央亚细亚》杂志刊发《苏领中亚经济地理》一文，其中写道："大食共和国。'大食'（Tadghik），普通地图多译作'达辑克'，其面积约与中国河北省相等，为中亚面积最小之国。位于中亚之最东南部，东接中国新疆，南接阿富汗，北邻启尔吉兹，西邻月即别；其区域因系从民族的条件，故国境曲折很大，尤其北方远及斐加纳峡谷，深入月即别领内。"[2] 之后又进一步对该国的自然环境、住民与产业、主要城市等相关信息做了较为详细的介绍。同年，《大公报》刊发总题为《发展中的中央亚细亚一瞥》的系列报道，该报道译自曼得尔（W. M. Mandel）的英文文章（原文刊发于 1943 年 2 月号《太平洋杂志》），全面介绍了苏联中亚地区的政治、经济、民族文化等相关情况，其中写道："中央亚细亚是乌兹贝克、卡查赫（即哈萨克——引者注）、塔吉克、吉尔吉斯和土克曼人民历史上的定居地，并且在数量上占优势的地方。这些民族住着整整同半个美国大的领域。它在东方

---

1 加福罗夫：《消息报专文：抗战中的塔吉克斯坦》，《新闻类编》第 126 期，1941 年，第 2 页。
2 魏聿宏：《苏领中亚经济地理（续完）》，《中央亚细亚》第 2 卷第 4 期，1943 年，第 79 页。

一千英里和新疆毗邻，往西一直张伸到距史达林格勒不到一百英里，距阿斯特拉罕不到五十英里的地方。没有什么疑义，德国的炸弹早已落到过卡查赫共和国的地面上了。"[1]

　　二战结束之后，作为同时遭受巨大战争损失的同盟国家，中国和苏联同样面临着艰巨的战后重建工作。在这种情况下，学习苏联在社会建设方面尤其是边疆地区的建设经验，就成为当时中国报章关注的主要议题。在这当中，就有对一度处于落后局面的塔吉克斯坦建设与发展情况的专门介绍。例如，1947年《瀚海潮》杂志刊发《特辑：苏联中亚细亚五共和国展望：突飞猛进中的塔吉克斯坦：附山地巴达赫山自治省》一文，全面介绍了塔吉克斯坦的基本国情和经济、社会、文化发展状况，这是近代中文报刊中关于塔吉克斯坦状况介绍最为详细的。该文写道："塔吉克苏维埃社会主义共和国（The Tadjik Soviet Socialist Republic），位于中亚细亚之东南部，在此地，苏联跟印度的交界，仅仅距离十五公里之遥，只有属于阿富汗的一条很窄狭的地方，在他们中间分隔着……塔吉克斯坦（Tadjikstan），也就是塔吉克共和国，面积共有十四万二千三百平方公里，人口共有一百五十万人，在全国居民之中当以塔吉克人为主，其次有俄罗斯人、乌孜别克人、柯尔克孜人等杂居。首都为斯塔林那巴德（Stalinabad），全城共有居民八万三千人，过去此地旧名为邱单壁（Diushanbe），乃一穷僻之乡村，如今一变而为全共和国之政治、文化、经济、工业等之中心……文化方面，塔吉克斯坦在苏联革命前，居民之中仅有百分之零五认识字的，而今天的塔吉克斯坦在文化方面的情形，是和过去大不相同了。的确，这也是苏联对于小民族，特别文化

---

[1]《发展中的中央亚细亚一瞥（一）》，《大公报》1943年6月15日，第4版。

第六章　高山之国

低的民族，所惯用的文化政策。塔吉克人是土厥种，原有其阿拉伯的经典文字，今天的塔吉克人，便直接由拉丁化的塔吉克文而一跃为俄罗斯化的塔吉克文矣；在这方面的成功，自然是苏联文化思想统制政策的结果，这是可想而知的。这里在全国实行着全民教育，建有各种文化教育机关、戏院、电影院等。并有苏联科学研究院的支部之设……在帕米尔，有山地巴达赫山自治省，也在塔吉克共和国组织之内。目前在帕米尔扩大了耕种面积，首先在东部帕米尔建立了农业，栽培萝卜、白菜、土豆和大麦。在四千公尺高度的地方，组织了'帕米尔'国家牧畜农场，建设有学校、医院、电影院。直到如今，在帕米尔所用的燃料，还是野草的茎根之类，仅仅不久的时候，在穆尔干布地方附近，才开始挖掘煤矿，也同时发现出了其他有价值之矿产（如光学上用的弗素F）……总之，塔吉克斯坦是苏联中亚共和国之一，更是接壤与我国新疆、阿富汗，以及经阿富汗走廊觊觎印度之基地，因此该共和国之一切，均有积极之努力与发展，就一点而论：帕米尔之地为迄今中英俄尚未经明定界务之处，而苏联不但已有自定之界，且该处一切早为详细考究矣。故该共和国之突飞猛进，亦有其鹄的也。"[1] 1947年也是俄国十月革命30周年，当年11月，苏联驻华大使馆新闻处在南京以中文编印《三十年来的苏联》一书，对包括塔吉克斯坦在内的各加盟共和国的情况进行了详细介绍。1948年的《塔兹克、吉尔吉斯、哈萨克——毗连我新疆省的三个苏联的社会主义共和国：附照片》一文则系统介绍了苏联中亚三个加盟共和国的情况，在关于塔吉克斯坦的部分这样写道："图

---

[1] 马迅如：《特辑：苏联中亚细亚五共和国展望：突飞猛进中的塔吉克斯坦：附山地巴达赫山自治省》，《瀚海潮》第1卷第9期，1947年，第11~13页。

画一般的塔兹克和吉尔吉斯两共和国都在中央亚西亚,而且是紧紧相邻的。疆域全是山地,在苏联各邦中地势最高。各拥有人口一百五十余万。给乌兹别克、土尔克曼及哈萨克等国供给水源及灌溉田地的大河如阿穆·达亚、塞尔·达亚等河流,均由塔兹克及吉尔吉斯的高峰中发源。这两国的土地只有极小部分是谷地及山坡。塔兹克共和国,面积等于瑞士的四倍,从前属于布哈拉土酋,后来成为乌兹别克共和国的自治邦,到一九二九年方成立为完全共和国,居民和中亚别的国家不同,不是鞑靼而是伊朗血统,一般都认为他们是中亚最古的民族。高身材,直鼻子,往往是蓝眼睛,也许他们和雅利安人的关系比日耳曼人或西方其他诺曼地人(Nordic)更为接近一些……在一九一七年的时候,塔兹克在全俄中还是最贫穷最落伍的民族,例如,仅就他们城市的名字而论,像寇得干(Khodzhent)——现称列宁哈巴特(Leninabad)——那时候就被称为'永远负债的地方''吃牛粪的地方''永远不知面包味道的地方',等等,这就可以充分证明他们的穷困生活。那时,人们的主要食物是用野菜做的饼子。沙皇统治下仅有千分之五的人民是识字的,沙皇统治以前大约也是如此,到了今天识字人数已经增加到百分之七十二了……塔兹克人有一句奇怪的话:'我们的南方就是北方。'这却真是事实,因为只有北境气候比较温和,土地比较平坦,埃及棉及各种果品产量甚富。南境全是高山,天山山脉横亘其间,帕米尔高原就在最南方。帕米尔像一个巨人,站在那里,把中国、印度和苏联三国分开。它是全中亚的分水岭,有'世界屋脊'之称。"[1]

---

[1] 〔美〕拉芒特:《塔兹克、吉尔吉斯、哈萨克——毗连我新疆省的三个苏联的社会主义共和国:附照片》,《中学生》第197期,1948年,第36~38页。

总体来说，近代中国的塔吉克斯坦认知经历了这样几个主要阶段。（1）清末至 20 世纪 20 年代末，由于塔吉克斯坦区域成立单独政区（1924）或建立加盟共和国（1929）相关信息在中国传播的滞后性，中国对塔吉克斯坦区域的相关认知主要建立在对历史上的波斯帝国、萨曼王朝、帖木儿帝国及布哈拉汗国的基础上，此外还包括对如今部分属于塔吉克斯坦的帕米尔地区的历史认知，国内知识界还没有形成对塔吉克斯坦区域的清晰认知。（2）20 世纪 30 年代，随着 1929 年塔吉克斯坦升级为联盟一级的加盟共和国，以及国内对苏联国情介绍的深入，中国对塔吉克斯坦的认知有了进一步的深化，有了对该国政治、经济和社会发展情况的基本认知，但这种基本认知的信息量较少，主要还是在对苏联中亚地区的相关介绍中顺带提及。（3）20 世纪 40 年代，随着二战中中苏同盟关系的深化，以及战后国内重建的需要，苏联形象和苏联经验成为当时国内报章的一大关注重点，受此影响，这一时期中国对塔吉克斯坦有了进一步的认知，尤其是对其社会建设和改革有重点的关注。当然，这一时期中国对塔吉克斯坦的相关认知，基本服从于当时中苏关系的总体状况，尤其是两国间的外交关系格局。

结语：重新关注与重新发现

中亚曾经具有其自身的中心地位，但长期以来，它在生活在中亚之外的人的眼中，更多地体现为一种"黑洞"式景观，既让人着迷，又让人惧怕，并往往让我们忽视了其在历史与地缘秩序中曾经扮演的世界性角色。正如贡德·弗兰克在其著名的《中亚的中央性》一文中所提示我们的："中亚之所以是一个黑洞，就在于它必须引起世界体系史研究的关注甚至热情。但是，中亚可能仍然是世界及其历史当中最重要而又最被忽视的部分。之所以造成这种忽视，主要有以下一些原因：历史绝大部分是由那些有自身目的，尤其是将其胜利合法化的胜利者所书写的。而中亚在很长一段时间中，是一些胜利者的家园，对于他们所取得的成就，他们要么记述了一些历史，要么留下了一部分历史遗迹。随后，自 15 世纪以来，中亚民众在两方面几乎都成为失败者。他们在自己的土地上输给了别人，而他们所在的中亚故土也不再是世界历史的中心。"[1] 如今，作为一个正在重新崛起中的大国，在推进"一带一路"倡议的大背景下，中国对外认知视野的拓展不应仅局限于对欧美诸国的既有认知，还应对欧亚大陆乃至世界其他发展中国家、区域有更为全面的认识，唯此方能确立起当代中国的整体国际视野。在新的"中亚问题"语境下，如何在更大的世界体系范围内认识中亚，如何以更具连续性的视野来观察和认识包括塔吉克斯坦在内的中亚诸国，进而形成一种兼顾民族文化主体认知与民族国家主体认知的新中亚认知图景，是我们需要进一步思考的问题。

作为一个在某种程度上与其他中亚四国兼具同质性与异质性特征的国家，塔吉克斯坦国家在近代历史中的形成，既有其民族、历史和文化的渊源，也跟苏联当时的中亚政策息息相关，随着苏联的解体和塔吉克斯坦的正式独立，新世界体系与欧亚地缘政治格局下的塔吉克斯坦国家认同正在苏联加盟共和国的基础上进一步明确和强化，这也将反过来对塔吉克斯坦自身的历史书写与认同产生影响。作为塔吉克斯坦的最大邻国，中国正在逐步面对一个不断丰富

---

[1] Andre Gunder Frank, "The Centrality of Central Asia," *Studies in History*, Vol.8, No.1, 1992, pp.43-97.

和完善其自身历史与现实认同的国际法意义上的新生国家，也必然会面临与塔吉克斯坦在国家 - 民族历史、历史 - 现实族体身份认同等相关议题方面的分歧与挑战，因此我们本身的塔吉克斯坦认知同样需要丰富和完善，需要建立起兼顾古代、近代和现代的整体认识图景，唯此才能形成一个具体而全面的塔吉克斯坦形象。从本质上说，认识他者即在认识自我，探究近代中国视野中的塔吉克斯坦形象变迁，是一个重新"发现"塔吉克斯坦的过程，也必将是一个全面认识中亚、进而重塑中国对外认知完整图景的必经过程，而在这一过程中，我们也将深化对中国本身的思考与认知。

第七章　国运之镜：阿富汗形象的历史之变

这个帝国的疆界：北部和东部有高大的山脉，南部和西部则有辽阔的沙漠，构成一种使外来的敌人望而生畏的天然防御。这个国家的总貌是荒凉可怕的；在人们的想象中，它是妖魔鬼怪经常出没之所。但这种印象并不是没有变化的，因为在山谷中和平原上也还有着比较优美的景色。在那里，栽种着农作物的田野笑脸迎人，农夫在忙碌地劳作。[1]

这里所描述的是一个多世纪之前的阿富汗，这

---

[1] 〔英〕凯伊:《在阿富汗的战争》，转引自〔英〕珀西·塞克斯《阿富汗史》第1卷上册，张家麟译，潘庆舲校，商务印书馆，1972，第1页。

第七章　国运之镜

个在不同历史时期和地缘背景下具有不同面相的中国陆上邻国,如今在诸多媒体中被贴上"帝国坟墓"的标签,并以其战争与混乱特质而成为当代公众认知的一般性基础。

认知的构筑既在于现实,又关乎历史。如果我们从时间维度来加以观察的话,就会发现,这种对于阿富汗的一般性认知在一个世纪以来经历了极大的转变。这种局面的形成,当然与中国、阿富汗两国之间政治、社会的"双速发展"有关,同时与两国所面临的不同内外部环境有关。近代中国的对外认知,受当时整体环境的影响,"揖欧追美"自然成为主流观念,对于在这之外的其他区域的认知则往往附属于欧美认知,或者干脆处于边缘甚至遗忘的位置,处于整个对外认知链条的末端。近代中国视野下的阿富汗,在某种程度上,折射着近代中国周边与世界认知的不同面相,又反过来印证着中国近代自我认知内部的不同路径。

作为"分隔空间"的阿富汗:理解的起点

阿富汗位于广义上的中亚区域,是一个内陆国家,领土面积约65万平方千米,其北部与土库曼斯坦、乌兹别克斯坦、塔吉克斯坦三国交界,东部与中国接壤,东南与巴基斯坦相接,西部则与伊朗相邻,人口约3500万人,首都为喀布尔。

不管是在历史时期还是在当代,阿富汗一直具有极为重要的地缘战略地位,因此成为周边和域外大国力量博弈的重要舞台,并在某种程度上改变着周边和域外大国的历史进程。这种态势,随着整个欧亚格局的调整,越到近代,表现得越明显。正如恩格斯所言:"阿富汗的地理位置和民族特征,使这个国家在中亚细亚的事务中具有非常重大的政治作用。"[1]例如，英俄之间围绕阿富汗等地所展开的"大博弈"就深深影响了英俄两强在世界其他区域的扩张步伐甚至内部政治走向。20世纪七八十年代阿富汗的政治军事"泥淖"更是极大地消耗了苏联的内部资源，为其90年代初的崩溃埋下了伏笔。2001年"9·11"事件之后，美国对阿富汗的战争及其后续行动更是影响至今，深刻塑造了中亚甚至东亚的当代政治地缘结构。

当然，阿富汗这一关键地缘位置的确立并非外部力量"压力"的产物，而是其内部发展的外溢性结果，正如英国学者珀西·塞克斯所指出的："从某种观点来说，阿富汗是个把幼发拉底河文明同印度河文明和乌浒河文明互相分开的山区地带。还有，我们可以把它看成是一个连接中亚细亚与印度平原的许多商路的必经之地，那里有着喀布尔、赫拉特和坎大哈这些通常被称为印度锁钥的城市……再有，骁勇的阿富汗人不仅屡次侵掠过富庶的印度平原，而且还在印度河流域和恒河流域开拓过王国。他们还曾在一个短短的时期内支配过波斯。"[2]从这个意义上说，阿富汗自身的主体性更多地体现为其充当了大文明"分隔空间"的角色，其连接中亚与印度平原的"中介空间"特质处于附属地位，这与一般意义上我们对诸多国家（如苏联中亚五国）主要表现为"中介空间"的定位截然不同。

此外，"由于其位置正好横跨东亚、南亚和中东地区之间的古代贸易和军事通道，致使阿富汗一度成为多种文化的交汇地。然而在现代，阿富汗却充当了英、俄这两个膨胀帝国的终结点。由于其令人生畏的地形和贫瘠的自然资源，两大帝国最终都满足于使阿富汗作为缓冲国继续存在，将其置于他们的正式控制之外，也置于当时

---

[1] 恩格斯:《阿富汗》,《马克思恩格斯全集》第14卷，人民出版社，1974，第77页。
[2] 〔英〕珀西·塞克斯:《阿富汗史》第1卷上册，第9页。

第七章 国运之镜

已经延伸穿越欧亚大陆其他地区的铁路、电信和文化的基础设施网络之外"。[1]

可以说，阿富汗国家自身的独特历史与传统，以及其地缘区域特质，成为我们认识和思考阿富汗形象变迁的重要基础。正因如此，当我们试图分析和认识阿富汗在当代中国视野中的具体图景的时候，历史的脉络必然是一个无法回避的过程。而同时，我们注意到，在近代中国对外认知的流变中，中国本身存在着两大政治上的"断裂"。首先是清朝从包有天下的传统国家结构转为受外部列强压制并被迫接受现实政治的现代国家结构，其次则是从帝制的清朝向共和的中华民国的国体变革，这两方面的转变体现在对外视野方面，就出现了从传统帝国视角向一般民族国家视角的转变，这种转变本身使得关注重心也渐次转移，从维护既有的宗藩秩序与天下格局逐步转变为认知外域空间及其地缘动态，所关注的群体也逐渐"下沉"，从最高领导层逐渐向君主领导下的中高层群体转变，从而逐渐形成近代意义上的外部认知。

值得注意的是，近代阿富汗所处的国际地缘政治环境与如今的周边态势有着密切的关系，与内部动力相比，外部压力在形塑阿富汗国家性方面起着更为重要的作用。作为一个有着漫长历史与传统的国家，阿富汗具有自身的独特性，"阿富汗人是勇敢、刚毅和爱好自由的人民。他们只从事畜牧业或农业，想方设法避开手工业和商业，他们抱着鄙视的态度让印度人和其他城市居民去从事这些行业。战争对他们来说是一种消遣和摆脱单调的营生的休息。阿富汗人分为若干克兰，大大小小的首领对他们实行类似封建的统治。只

---

1 〔美〕沙伊斯塔·瓦哈卜、巴里·扬格曼：《阿富汗史》，杨军、马旭俊译，东方出版中心，2016，第1页。

是他们对国家政权深恶痛绝，爱好各自独立，才妨碍他们成为一个强大的民族。而正是这种自发性和反复无常的行为使他们成了危险的邻居，他们受一时的情绪支配并且容易为那些能巧妙地引起他们激情的政治阴谋家迷惑"。[1] 从民族与语言构成上看，它不像意大利或日本那样具有统一的民族或者语言，其内部存在数十个种族集团，并拥有许多不同的语言，它也不像澳大利亚或者希腊那样具有天然、可明显辨识的地理界限，甚至也没有像埃及尼罗河那样的著名标识。从地理上看，阿富汗的疆界被河流所限，没有海洋或者山脉作为天然疆界。值得注意的是，作为喜马拉雅山脉天然延伸的兴都库什山脉在为印度和巴基斯坦提供北部天然疆界的同时，将阿富汗一分为二，这种情况就使得阿富汗在漫长的历史时期中，很容易受到来自各个方向的侵扰，而移民得以从四面八方进入这个国家。直到1747年艾哈迈德－沙赫建立杜兰尼帝国之前，除了作为更大的外来帝国的组成部分外，阿富汗本身从未被作为单一的国家加以统治过。在这之后的二百多年时间里，阿富汗及其统治者一直努力避免受波斯、俄国和英国的控制，而这种抵抗常常会使自己付出沉重的代价。可以说，"这种对抗性独立本身为超越种族或部落忠诚的独特的阿富汗国家认同奠定了基础"。[2]

当然，正如笔者在本书第三章指出的，当我们在分析和认识哈萨克斯坦在当代中哈关系史中的具体图景，尤其是当代哈萨克斯坦在知识界的形象时，历史的图景本身必然是一个无法回避的过程。与之相比，阿富汗的情况既有相似性，又有差异性。所谓相似性，是指阿富汗同样属于广义的中亚地区，在19世纪同样成为英俄帝国

---

[1] 恩格斯:《阿富汗》,《马克思恩格斯全集》第14卷,第77页。
[2] 〔美〕沙伊斯塔·瓦哈卜、巴里·扬格曼:《阿富汗史》,第3页。

第七章　国运之镜　　　　　　　　　　　　　　　　　・117・

博弈的主战场，并在近现代很长一段时间内先后成为英国、苏联的势力范围；所谓差异性，是指阿富汗所处的独特的地缘位置，使其在欧亚大陆尤其是大中亚的结构中成为帝国力量博弈的关键区域，也成为外域力量对本区域施加影响的重要着力点。

目前国内的相关研究在涉及阿富汗的形象认知方面，主要集中在中外交流史视角下对古代中国与阿富汗之间交流互动层面的研究，以及国际关系层面对当代阿富汗问题的研究。了解和认知近代中国知识界对阿富汗的态度观念变迁，并理解阿富汗在近代中国对外认知视野转变过程中的独特性，将有助于我们更好地认识这一时期的中国与周边空间。

从"爱乌罕"到"阿富汗"：叙述结构的转折

在传统中国的历史话语中，阿富汗往往以"爱乌罕"等名称出现。在近代中国的对外认知框架形塑过程中，存在着一个"知识拼接"的阶段，即以外国的相关叙述为基础，再结合中国的历史记载以及外国的地图、语言信息，形成近代意义上最初的对外世界认知。在《海国图志》中，魏源曾以"西南洋"为名来展现传统历史中对阿富汗的连续性叙述："《皇清四裔考》曰：爱乌罕在巴达克山西南，部落最大。《汉书》：西逾葱岭，有北两道，北道出大宛，南道出大月氏，此当为大月氏地。有三大城，曰喀奔，曰堪达哈尔，曰默沙特。喀奔城南北西面山，东面平旷。堪达哈尔城四面俱山，其汗爱哈默特沙居之。默沙特城旧属伊兰，爱哈默特沙征取之，统治三城。事耕种，无游牧。胜兵十五万，军器鸟枪、腰刀之属，无工矢。善田作，户有余粮。少物采，自兼并温都斯坦部后，资其金丝缎匹，物力加丰。亦有奄竖，多取诸温都斯坦。商人不至其国。

乾隆二十四年大兵逐霍集占，将入爱乌罕境，为巴达克山酋素尔坦沙擒献，其属下有奔爱乌罕者，唆其兴师问罪于巴达克山，素尔坦沙惧，遣使具言诸不得已状。爱哈默特沙云：大清国地广人稠，见于记载，未知道路远近，今拟与尔部偕往投诚。遂屡贡焉（案：爱乌罕，亦作阿布额尼，亦作甲布尔）……"进而又叙述道："阿附干国即加布尔，在亚细亚洲中，印度之西北，北极出地二十八度起至三十六度止，经线自东五十七度起至七十度止。东至塞哥国，西连白尔西亚国，南接北罗吉国，北界达尔给国，长三千二百余里，宽约二千里，地面积方约五万二千七百余里，烟户四兆二亿口。本国地势，东南、西南平原坦阔，其余各方峻岭重叠。"[1]

上述的记述，从具体的叙述模式来看，鲜明代表着中国近代西式的分国叙述方式，正是在"开眼看世界"的《海国图志》中，这种方式与中国传统的官史叙述方式被糅合到了一起，从而形成了一种由藩属叙述向外域叙述转变的标志性文本类型。在这里，原本主要强调延续性的历时性叙述结构，在一个已经面临地缘政治挑战并逐步失却中心位置的亚洲新秩序及其历史现实面前，开始逐步让位于主要强调差异性的共时状态下的分国叙述结构。这种由叙述结构转变而形成的文本类型，实际上成为我们后来认知周边各国所惯常采用的叙述模式，那就是将在古代中国羁縻治理下的藩属国（或地域）历史的线性叙述纳入近代逐步形成的、基于地理区域划分（如亚洲内部的次区域划分等）的并与中国具有相同结构性位置的民族国家的结构框架中。这种叙述结构的转变意味着"历史中国"及其传统外围秩序的叙述中心性正在逐步消解，而"现代中国"及其周边世界的叙述模式正在形

---

[1] 魏源：《海国图志》，岳麓书社，1998，第733页。

成。关于阿富汗叙述的变化，正是这种叙述结构转型的一个重要例证。

三次流变：近代阿富汗的中国"投影"

漫长的 18 世纪，世界格局出现新的调整，中国与世界各自经历着巨大的变革。在欧洲，伴随着工业革命的洪流，欧洲殖民帝国正全力推进在世界各个地区的工业与军事输出，并将大片区域转变为各自获取原材料并倾销制成品的殖民地。中国则经历了明清鼎革，开始进入"康乾盛世"的漫长稳定期。进入 19 世纪，欧洲国家在亚洲的力量进一步拓展，随着俄国对中亚地区的逐步控制和对清朝形成巨大的北部压力，以及英、法等殖民帝国力量在东南、西南方向对清朝形成巨大冲击，东亚传统政治秩序逐步松动、瓦解，这一情况反过来刺激着近代中国的知识界"开眼看世界"，开始全面关注周边国家的情况。

同一时期的阿富汗，经历了国家正式形成和王朝更替的两大转变。之前的"阿富汗曾先后受莫卧儿和波斯人的统治。在不列颠人来到印度海岸以前，印度斯坦平原受到的外敌入侵总是来自阿富汗。马茂德大苏丹、成吉思汗、塔梅尔兰和纳迪尔 – 沙赫，都是走这条道路。1747 年，纳迪尔死后，在这个军事冒险家的手下学会了兵法的阿罕默德 – 沙赫（即艾哈迈德 – 沙赫——引者注），决心挣脱波斯人的枷锁。在他治理下，阿富汗达到了它在近代最辉煌和繁荣的地步"。[1] 恩格斯的这段论述实际上扼要概括了阿富汗在 18 世纪关键性的统一进程。在 1747 年，阿富汗普什图酋长艾哈迈德 – 沙

1　恩格斯：《阿富汗》，《马克思恩格斯全集》第 14 卷，第 77 页。

赫开始拓展其控制区域，并在随后的岁月里成功统一了所有普什图部落，普什图民族意识也在此基础上逐渐形成。"他以个人的谦虚谨慎、平易近人和真诚的宗教情感赢得了大批追随者，但他缺乏对行政事务的兴趣，而这恰恰可能是把一个部落联盟转变成一个真正民族国家的关键所在。"[1]

到了19世纪，阿富汗开始逐步与英俄力量接触。1809年，舒贾成为首个接待英国正式使团的阿富汗统治者。而与此同时，俄国于19世纪20年代吞并了哈萨克草原，并开始觊觎杜兰尼王朝控制下的阿富汗土地。1839~1842年，第一次英阿战争爆发。1863年，多斯特·穆罕默德去世，其子希尔·阿里继位，一直统治到1868年。1872年，在英俄大博弈的背景下，为避免双方的直接冲突，英俄确立了阿富汗的北部边界。1878~1880年，第二次英阿战争爆发。从1880年至1901年，阿富汗处于阿卜拉·拉赫曼汗的统治之下；1893年，阿富汗与英属印度之间的"杜兰德边界线"得以确立。总体而言，到1878年，随着英国占领阿富汗，清朝官方与阿富汗的交往遂告中断。当中国进入近代之际，阿富汗也开始与周边的殖民帝国发生重大冲突，而这些冲突所导致的后续影响则一直持续并不断发酵；与此同时，随着近代媒体的出现与发展，中国知识界开始了解近代阿富汗的具体国情与变革动荡。

1. 1875~1880年：近代阿富汗认知的起步期

早在1875年，《申报》即以《波斯与阿富汗失和》为题，记述了阿富汗的相关情况。文中写道："昨得一电音，述悉波斯国现与阿富汗有失和之信，不知所启何衅，且未知其用兵与否，容后有信来

---

[1] 〔美〕沙伊斯塔·瓦哈卜、巴里·扬格曼《阿富汗史》，第80页。

第七章　国运之镜

再述。该处居印之西北,与回部、准部各地似有犬牙相错之势,未知与喀酋军事有无交涉耳。"[1] 这是笔者查到的国内中文报纸首次以"阿富汗"为名进行的相关报道。从某种程度上可以说,这一报道将近代阿富汗与历史上中国对于阿富汗(爱乌罕)的认知第一次区分开来,并成为之后国内认知阿富汗及其地缘国情的基础。在接下去的几年里,《申报》多次就阿富汗与英国势力之间的冲突进行报道。此外,1879年的《万国公报》也记载:"电报云,英兵至阿富汗,王亲至营垒,京城颇有乱意,未知日后如何。"[2]

可以说,1875~1880年,是近代国内媒体关注阿富汗的起始阶段。正如《综论阿富汗事》一文中所指出的:"国必自伐而后人伐之,此理易明,千古不易,故有国者欲治其国,必先靖内乱而后外患可除。承平之世,君明臣良,法立政理,可以无忧矣,而庙堂之上,尚有忧盛危明之意者,以其宴安无事,祸患隐于无形,不早防维,一旦猝发,其势往往不可收拾也。欧洲列国数十年间,渐有中国风气,政治之要,大概知之。盖通商以来,文书图籍,自东而西,一二儒者,遂举中国列代兴废之迹,与其国事参考,知其同异之故,于是为政大旨,亦不外此,往往著为议论,法戒昭然,与中国先儒之言,相为表里,故近来英法德美诸国,政事日臻美盛,惟其所尚者得其道也。然僻处之小邦,未能常与上国往来,识其政治之所法戒者,亦尚有之。如阿富汗之在西藏之西,而印度之西北也,地当两大沙漠之中,尚在亚细亚洲界内,而远与欧洲之英国有盟,永为属国……"[3] 到了1891年,国内出现了第一本专门介绍阿富

---

1 《波斯与阿富汗失和》,《申报》1875年1月7日。
2 《各国近事:阿富汗:英兵至汗》,《万国公报》第559期,1879年,第14页。
3 《综论阿富汗事》,《申报》1879年1月31日。

汗的作品——《阿富汗考略》[1]。在这之后，随着清末新政的展开，当时的学部又编印了《阿富汗土耳其斯坦志》、《阿富汗斯坦志》和《阿富汗斯坦新志》，对阿富汗的相关情况进行有针对性的介绍。[2]

对近代阿富汗国情的认知，不仅是对外知识的简单拓展，从更深的意义上说，所折射出的正是中国在外部世界观上的重要转折。这是从作为道德空间的、在某种程度上虽然在外力压迫下确定了边界但依然拥有"天下想象"的以"大清"为国号的中国，开始承认自身处于一个世界各国发展的历史进程之中。而在中日甲午战争，尤其是1898年维新变法运动失败之后，这种趋势就更为明显。"1898年以后，就在许多中国知识分子开始抛弃曾作为'中国'不可避免的形式和保证人的王朝国家结构，而去设法解决中国与日俱增的危机的办法的时候，他们也首次开始将现代世界视作一段进行中的历史进程。"[3]而就事件的指示性而言，"它们帮助中国指明了一个基本问题和一个新的机遇。这个问题是：一个由历时性的达尔文主义所展示的世界，如何能够在势不可挡的欧美、日本强权的环境下被建造为全球重建的活跃场域。这个机遇是：这个世界如何能够被转变为一个普遍存在的舞台，来供中国人和同伴们反抗构成他们的共同世界的全球不均衡性。这就是中国知识分子在二十世纪的转折点上有意识地进入和建造的有关认同和接近的世界舞台的复杂形势；就是在这个舞台上，种族、斗争、革命和关注亡国的意识，合并为一个共时的现代全球的时间性及不均衡的全球空间性，这便允许了中国和全球空间性的非中心化，并使得亚洲、太平洋、非洲和

---

1 龚柴：《阿富汗考略》，收录于《小方壶斋舆地丛钞》，上海著易堂铅印本，清光绪十七年（1891）刊行。
2 张安：《中国与阿富汗关系史研究述略》，《高校社科动态》2012年第3期。
3 〔美〕卡尔·瑞贝卡：《世界大舞台：十九、二十世纪之交中国的民族主义》，高瑾等译，生活·读书·新知三联书店，2008，第21页。

第七章 国运之镜 • 123 •

其他地方进入视野，它们不是作为惰性的地理名称或不幸的亡国之地，而是作为创造和表演崭新的全球、国家和地方的意义、实践、历史的具体场所出现的"。[1] 在这样的语境下，如何理解和认知外部及周边国家的历史进程，在某种程度上成为中国理解自身内部进程的一种重要折射。

2. 1919~1923 年：近代阿富汗认知的第一次高潮

进入民国时期，中国对阿富汗的认知出现了新的变化。之前有学者注意到这一时期国内对阿富汗认知存在缺失的问题。[2] 但实际上，如果我们加以细致梳理和分析的话，就可以发现，在这一时期，国内知识界对阿富汗的认知依然在进一步推进。当然，这种认知推进，其关注议题本身也往往与中国国内的政治社会变动存在着密切的关联。

从 1901 年至 1919 年，阿富汗处于哈比布拉统治时期。这一时期的阿富汗在政治、社会与思想层面开始出现新的转变。其在 1903 年建立了第一所近代中学，次年与波斯明确了陆地边界；与此同时，阿富汗在第一次世界大战期间保持中立。而在差不多同一时期，近代中国也经历着深刻的政治、社会与思想变迁，清末新政艰难推进，辛亥革命爆发，清朝覆灭，中华民国建立。这些接踵而至的急速变革为近代中国知识界催生了新的对外认知需求，并使中国试图在对外域各国的认知中获得改革建设的经验与启示。

1912 年，《东方杂志》记述了阿富汗内乱的情况："阿富汗之内乱……阿富汗之蒙古人及番民等约一万人，忽起叛乱，其势甚盛。

---

1 〔美〕卡尔·瑞贝卡:《世界大舞台：十九、二十世纪之交中国的民族主义》，第 21~22 页。
2 张安:《中国与阿富汗关系史研究述略》,《高校社科动态》2012 年第 3 期。

阿富汗政府束手无策。此种乱民，不惟有极精之枪械，且系集尔硕族（阿富汗诸种族中人数最多之族，其势力独厚）为之倡始，其他各族，将不免为所煽动云。"[1]1915年的《东方杂志》则有这样的记述："……阿勒富海之左右岸，既为英突之战场，而波斯复有侵入俄境之谣。阿富汗亦有加兵印度之举，直接虽为不利于俄英，而间接则不利于法。吾国山东半岛中立之苦况，攒眉忍受，余痛未忘，自无暇游目西注，然而西北之危，亦不可不思患而预计之也。盖阿富汗者，与吾新疆仅隔一波谜罗者也。世界最高之山，既起顶于波谜罗高原，余支四颓，阿尔泰山、天山、昆仑，既定震旦山河两戒，其东南行者为希玛纳雅，是为藏卫印度之界山，西南行者曰因都哥士山，因都哥士又有支岭，曰苏里曼山，则南行而稍西者也。二山之交，印度河之西源发于是。是地即为阿富汗……清官书或谓之爱乌罕，爱乌罕之离波斯而唱独立也，在十八世纪之十年。是时俄人既下突厥斯坦，英人亦挟全力经营五印度，而波斯适当中央亚细亚之咽喉。英俄方交恶，各争其地，以为己屏翰。以一孱国介于狞狮猛鸷之间，而又不善应付，致丧其北鄙数州，而波谜罗高原，亦为俄所蚕食。俄英属地，仅阿富汗支格其间……"[2]该文将阿富汗所处的历史与现实地缘重要性凸显了出来，并注意到了该国对中国西北边疆地区的影响。1918年，《英语周刊》刊载了阿富汗国王的照片，这是国内报章首次刊载该国元首的照片。[3]

1919年，哈比布拉遇害，其子阿马努拉继位。从1919年到1929年的十年，是其在马赫茂德·塔尔齐（1865~1933）协助下对

---

1 《外国大事记：民国元年五月初三日：阿富汗之内乱》，《东方杂志》第9卷第1期，1912年，第8页。
2 《内外时报：阿富汗与中国回教之关系》，《东方杂志》第12卷第1期，1915年，第12~13页。
3 Doo Fonyay：《Current Events：阿富汗之国王》，《英语周刊》158期，1918年，第1256页。

第七章 国运之镜

阿富汗进行改革的十年。马赫茂德·塔尔齐是阿马努拉的岳父，他作为20世纪初亚洲著名的民族主义者，在创立现代阿富汗的过程中起到了重要的推动作用。在1919年的第三次英阿战争中，阿富汗获得事实上的独立。同年，阿富汗与新生的苏俄签订友好协定，稳定了其北部形势。1923年，阿富汗通过了历史上首部宪法。1926年，其与苏联签订《互不侵犯条约》。当时的中国正处于新文化运动时期，后来还爆发了北伐战争，这一时期中国国内的改革和革命期待，促使中国知识界极大扩大了对外域知识的认知范围。阿富汗的十年改革，因其同为被压迫国家的地位以及重要的改革成效，而经由中国报章的介绍被知识界所知晓，并在民众对当时中国政治与社会改革的深切期待中，形成近代中国认知阿富汗的第一波高潮。其最主要时限为1919~1921年，并延续至未来的几年。

例如在1919年，当时的报章就专门报道了英属印度与阿富汗之间的协议。[1] 到1921年，《东方杂志》连续报道阿富汗问题，其中指出："阿富汗位于中亚细亚，虽为一蛮荒之国土，然在地形上，则为近东外交之门户，其地向为英俄两国所争逐，大战之后，形势又复变易。"[2] 1921年3月17日又记载道："俄劳农政府近与阿富汗签订一约，俄国承认阿富汗之完全独立，并允每年以金卢布或银卢布一百万枚津贴阿富汗政府。约中与英国有关之重要条款，为双方不得与第三国缔结与今缔约国一方面有害之军事或政治条约。"[3] 1923年，《外省警务实录：新省知阿富汗局部通商》中记载"新疆杨督军

---

[1] 《印度与阿富汗之协议》，《世界大势》1919年第12期，第151~152页。
[2] 《世界新潮：阿富汗与英俄势力之消长（附图）》，《东方杂志》第18卷第23期，1921年，第65页。
[3] 《外国大事记：民国十年三月十七日：俄国与阿富汗缔约》，《东方杂志》第18卷第8期，1921年，第137页。

近与阿富汗国王订立局部通商之约，内容共分十项"等事宜。[1] 同年，《社会学杂志》刊载陈绍南所写的《研究社会学与社会问题之资料：阿富汗人婚娶之礼》一文，该文可以被视为国内专门研究阿富汗婚礼习俗的最早文献。[2] 1925 年，《记阿富汗王国》一文写道："阿富汗为我国之西邻，乃亚洲西部之独立王国。其地……西界波斯，居民除阿富汗人外，有蒙古人、印度人及波斯人，奉回回教为正教。其人民与外界甚少往还，禁止外人自由往其国内游历，故能言其风土人情者甚少。其首府喀布尔，地当交通孔道，军事商务，均关重要……"[3] 同年的一份报道还专门论述了阿富汗与中国的双边贸易关系问题："中亚细亚阿富汗国与我国派使议约一事，喧传已久，迄未实现。兹据外交方面消息，中阿两国间距离最近，关于商务关系，甚为密切，两国派使议约，颇有刻不容缓之势，顷闻新阿局部通商条约，现已议定妥协，兹觅得双方条约全文，照录如下。关于新阿临时局部通商条约条件草案，中华民国新疆官府、阿富汗国政府欲互通商，增进双方人民利益，以互相获益之临时条约规定之，因是互派专员，在新疆哈什噶尔（即喀什噶尔——引者注）道属之莎车县开议论云"。[4]

3. 1927~1931 年：近代阿富汗认知的第二次高潮

1927 年，阿富汗首次发行统一的货币阿富汗尼，同时在政治社会层面呈现全速发展态势。而当时的中国，经过北伐战争，随后国民

---

1 《外省警务实录：新省知阿富汗局部通商》，《甘肃警务周刊》1923 年第 17 期，第 14~15 页。
2 陈绍南：《研究社会学与社会问题之资料：阿富汗人婚娶之礼》，《社会学杂志》第 1 卷第 5 期，1923 年，第 4 页。
3 受百：《记阿富汗王国》，《国闻周报》第 2 卷第 38 期，1925 年，第 12 页。
4 《时事采集：国内之部：中亚细亚阿富汗国与我国派使议约一事》，《来复》第 345 期，1925 年，第 12 页。

第七章　国运之镜

政府在形式上统一了全国,知识界对于国家建设的期待日渐深化,这同样反映在对周边邻国的认知层面。从1927年至1931年,国内大量报道了阿富汗的相关问题,形成中国阿富汗认知的第二次高潮。

在1927年的相关报道中,有文章指出:"阿富汗向取闭关政策,但现在已派遣领事一名驻扎印度,经理对外商业、国内道路,近两年大有进步,本年度拟添筑大路若干条,以便输运,铁路尚未举办,近来已有意从事建筑,并向美国访问铁路材料市况。至于天然富源之地藏,尚无详细调查,就已知者而言,铁矿、煤矿及宝石矿颇为丰富,又可供耕牧之地,面积甚大。国内无银行,商业买卖大都用卢比,每年进出口货各约值银币一千万元,主要出口货为瓜果、羊毛、手巾及地毯,主要进口货为棉制匹头货、棉纱、革制品、五金制品、衣饰、燃料、汽车及漆。"[1] 同年的《东方杂志》则以更直白明了的语言,介绍了阿富汗所处的独特地缘位置:"苏俄的外交,真来得厉害,以英国张伯伦那样的手腕,然而到处碰壁,现在苏俄的外交,又在阿富汗方面得胜了,是怎样一回事呢?据莫斯科官报称,苏俄与阿富汗的协议成立了,已于去年八月三十一日在喀布尔阿米尔夏宫签字。这自然是一桩外交上的重大事件,是英国报纸所认为最可注意的事件,因为阿富汗是介在印度与俄领土耳其斯坦间的一个缓冲国,现在折而入于俄国一方面了。"[2] 同样在当年发表的《现代史料:阿富汗的现状(附图)》一文,对阿富汗的历史、政治、经济等进行了较为详细的梳理,这是国内报章第一次全面介绍阿富汗基本国情。文中这样写道:"阿富汗的地位,在历史上向来是重要的。马其顿人、波斯人、蒙古人他们想远征以达繁富的

---

1 《杂纂:阿富汗放弃闭关自守主义》,《中外经济周刊》第212期,1927年,第45页。
2 从予:《现代史料:苏俄与阿富汗的新结合》,《东方杂志》第24卷第2期,1927年,第53页。

印度，皆取道于阿富汗，近代自英人并印以后，阿富汗便在印度帝国的规划之中。自俄国获得河中地区之后，以英俄接触的关系，阿富汗又处在缓冲国（Buffer State）的地位，于远东问题有重要关系，所以阿富汗独立国家的成立和存在是有国际的意义的。"[1] 到了1928年，有报章开始将阿富汗看成一个"没有条约规定的新兴国"，文章指出："现时分散于欧洲、亚洲和其他各地的许多新兴国，除了由俄国分出来另外创立一国的芬兰、爱沙尼亚、立陶宛、莱多尼亚（即拉脱维亚——引者注）等国以外，不是经凡尔赛和约的规定，便是由洛桑条约承认了。不过这多少也有除外的例子……那便是这里要说之中央亚细亚的新兴国阿富汗了。这也是和埃及一样，由脱去英国的羁绊而加入到独立国之例，并且也一样是没有条约上规定的独立国。这是新兴阿富汗和其他许多新兴国所不同的一个重要地方……一九一九年的战争，据英国方面的宣传是英军胜的，但我们从英国在战争后所缔结的条约上，完全承认了阿富汗的独立一点上说，也可见战争的胜利并不是属于英国方面的了。参加一九一九年英阿战争的英国将校说，一个阿富汗兵能够敌过四个英国兵，这大概不是欺人之谈吧。总之，阿富汗的独立，不是由他们所恩赐下来的独立，而却是以铁和血夺得来的独立。"[2]《东方之又一土耳其：阿富汗》一文则更是不吝对阿富汗的称赞："为了一个黄色面孔的小国王轰动了世界两个大城——巴黎和柏林的人民，法国政府挂灯结彩，给他包了巴黎第一个大旅社……柏林城中好像中了狂毒一般，我们想阿富汗一个新独立的无名小国，何以能这样受睥睨一切的德法政府的欢迎呢？德国有一个左党的报，说得好：'我们不是欢迎别的，

---

1 文宙：《现代史料：阿富汗的现状（附图）》，《东方杂志》第24卷第8期，1927年，第53页。
2 圣：《新兴阿富汗的国际关系》，《北新》第2卷第20期，1928年，第2113~2119页。

第七章　国运之镜

乃是欢迎阿富汗将来好做帝国主义者殖民地呵！'这确是一针见血的话！阿富汗是亚洲一个小国，界在苏俄、波斯、印度之间，本是英国的保护国。一九一九年二月二十日，才由今王'阿麻奴拉'利用英俄正有事他方的时候，宣布独立。那时英国不肯承认，由印度出兵侵入阿境，想以武力征服，但是阿富汗得了俄人、德人的暗助，把英兵打败了。本年八月八日，订了和平条约；一九二一年十一月二十一日英国正式承认为独立国家……阿富汗本是闭关自守、实业不振、交通不便的国家，虽经阿王数年的经营，至今还没有一条铁路在国内，但我们不能说是阿麻奴拉的能力薄弱，要知阿王登位才九年，中经阿英战争，虽时间不久，然耗费国力，一定不少，以一个闭塞不知近代工业为何物的国家，在八年中有了这种成绩，已经是可惊了。现在阿富汗的马路已满布全国，此外如近代工业、发电厂、机械厂、织造厂、军械厂都应有尽有，全国人民穿的都是本国工厂的布。阿王有次对一个新闻记者说：'我国人民原来都是用英货，本国工厂初出货的时候，几乎没有人购用。我后来以身作则，我的衣服完全采用国货，并且一面禁止政府的人员购用英布，上行下效，于是一般人民，都竞穿本国布为时髦了。'近年阿富汗的人民，差不多全用本国货。我写到这里，不免回想到我们祖国从前的情形，我们旧政府中的人，却和阿王的思想相反，而提倡的方法，则是一样。因为中国的大人先生们，未尝不以身作则，却是反转来提倡洋货。我记得有一种报上，记载关税会议的情形，说以'印度绸'做桌布，表示中国政府的阔绰，我不知参加议税会议的委员，坐在这方阔绰的布前，做何感想呢！"[1]语气中充满着对作为

---

[1] 德新：《东方之又一土耳其：阿富汗》，《星期评论：上海民国日报附刊》1928年第46期，第8页。

小国的阿富汗独立自强的赞赏，以及对中国疲弱无能的"恨铁不成钢"之意。1928年的《阿富汗民族及其独立后的政治状况》一文则从革命救国的角度表达了同样的意思："展开现代亚洲的舆图，就看见中国的地形像一片海棠叶儿摆在图上，附近这叶片的两端，各出现一个独立的国家：在叶柄这一端，是东邻日本，在叶尖那一端，是西邻阿富汗。阿富汗虽然还比不上日本那样富强，得到全世界人士的重视，但他的民族，勇敢强悍，却不在以'武士道'自雄的大和民族之下。他们从奴隶的地位，追求解放的幸福，不顾一切的牺牲，向大英帝国主义宣战，以铁以血，争得国家的独立自由。在东方被压迫民族的解放运动中，他们是先驱者，并且是胜利者。他们近代的历史比起日本民族的，实在较为光荣。假使东邻是使我们畏惧，西邻却值得我们崇敬了……我们沦于'次殖民地'地位的中国民众，正在国民革命斗争之中，西望帕米尔高原，庆幸得到一个英勇的邻族，我们革命的工作，不感着寂寞。虽然目前我们是孤军奋斗，但总希望将来彼此能联合战线，向着共同的敌人反攻，以求得东方被压迫民族的彻底解放。"[1]同年的《粉墨登场的阿富汗》一文则更是从国家比较的角度，凸显了阿富汗独立自强的重要意义及其对中国的启示："阿富汗国王这回访问亚欧两洲的各国，已引起世界政治家间的重大猜测了。这是因为阿富汗王是一个有作为并且有进步的思想的人，这回游历的目的，并不是为个人娱乐和靡费国帑，像许多印度王和其他人们一样。他的离开本国，实在是做一个世界政治的很认真的学生，要亲自得到这个问题的报告，和世界大政治家握手见面，使他以后能够对他的祖国服务格外有效力……阿富汗王

---

[1] 大均：《阿富汗民族及其独立后的政治状况》，《东方杂志》第25卷第5期，1928年，第21~22页。

第七章　国运之镜

是很明白一件事实，就是英俄两国倘若协力压迫阿富汗，阿富汗就不能保持它的独立，除非亚洲各民族和欧洲的若干国一致起来反抗这种举动。所以阿富汗王近来曾经说过，他相信国际联盟的原则是保障一切民族的领土完整后，可是他以为要保障亚洲独立必须组织一个亚洲的国际联盟。阿富汗王的这个信心好像就是阿富汗、波斯和土耳其间积极友睦的根本，也就是阿富汗注意和印度、中国、日本接近联络的原因。讲到这里有一件应该注意的事，就是去年十一月间在上海召开的第二次全亚大会，本年第三回大会已经决定在卡布尔开了……阿富汗已经成为世界政治里边的一种原动力，它的重要将逐渐增加，所以和阿富汗没有土地接触的欧洲列强像意大利、法兰西、德意志，和亚洲的大国像日本、中国也都将特别注意于阿富汗对世界政治的态度，至于那土耳其和印度是不必说了。"[1]

但好景不长，1929 年阿富汗内战爆发。哈比布拉短暂执政，随后进入那第尔统治时期。1931 年，该国颁布新宪法。从 1933 年起，进入查希尔的漫长统治时期，这一阶段一直持续到 1973 年。1934 年，阿富汗加入国联，同年与美国建交。这一时期的中国正处于内战与建设交织的阶段，同时面临日本帝国主义的步步进逼。与之相应，国内知识界的关注重心也转移到对阿富汗内部冲突的认识上。

1929 年《阿富汗内战记》一书出版，这是中国国内第一本专述阿富汗内战的书。[2] 在书中，作者记述了阿富汗由乱而治的历史。时任军政部部长的陈仪在序中这样写道："在一八四二年间，猛听得锻铼铼一声铁链响，大英帝国主义者伸展他的魔手到亚洲来，既锁住了亚洲中部的中国，又键紧了亚洲西部的阿富汗。于是中国与

1　世新译《粉墨登场的阿富汗》，《星期评论：上海民国日报附刊》第 47 期，1928 年，第 9~11 页。
2　宁墨公编译《阿富汗内战记》，国民革命军军事杂志社，1929。

阿富汗，丧失了自由，破损了主权，被人束缚了将近百年，喘不过气来。可是人类心力发动起来，什么东西也锁他不住的。'我们有我们的主权，我们有我们的自由，一二三，开步走，走，走，走。'走到一九一二年，中国武昌城轰的放出一声大响来，'国民革命！'一九一九年，阿富汗喀勃尔城中轰的放出一声大响来，'宣布自主'，主权么，要独立。国土么，要完整。不平等条约么，要取消。国际地位么，要平等。近十余年来，中国与阿富汗打着鲜明旗帜，泼剌剌向前奋进的，都是这回事。中国因为情势复杂，期望厚大，到于今尚在挣扎之中；阿富汗呢，自从一九一九年五月战胜英军，同年八月英阿两国在拉窝彭地签订了对等的和平条约后，卒能达到自由平等的目的。奏乐，鸣炮，成功，凯旋，万岁，阿富汗万岁，一片庆祝声，好不快乐！……国民革命军军事杂志社宁李泰同志，近编《阿富汗内战记》一书，启示国人，属为之序……"[1] 该书在记述"阿富汗在亚洲之形势"时，这样写道："展读世界地图，我国形势，恰似秋海棠叶。叶之尖端，即西邻阿富汗。然与西陲新疆，相隔仅咫尺。阿境北部、兴都库什山以北，接近帕米尔高原，西北境内之山地约千余里，在清初原为我国所辖，迨至末叶，英夷印度，俄并费尔干省，该地遂成为阿国所有，中阿关系不啻唇齿之重要焉。"[2] 在结论部分，作者写道："阿富汗为亚东新之国家，然革命风潮，声势赫弈，阿王阿玛努拉被迫下诏，取消其改革计划，追后殷纳雅图，又不能继承王位，一再复辟战争，而以克占特一役，全军覆没，废王不得已，出亡于法，王室崩溃，斯为自然之气数耳。"[3]

---

[1] 宁墨公编译《阿富汗内战记》，陈仪序，第1~2页。
[2] 宁墨公编译《阿富汗内战记》，第17页。
[3] 宁墨公编译《阿富汗内战记》，第39页。

4. 1934~1947 年：近代阿富汗认知的第三次高潮

从 1933 年起，阿富汗进入查希尔国王的漫长统治期，由于其秉持相对中立的政策，因此得以在 20 世纪三四十年代的国际纷争与战争中保持国家的完整与独立。而在这一时期，随着中国国内建设的逐步推进，以及抗战在边疆地区的渐次展开，中国知识界对阿富汗的认知也进入了第三个主要阶段。因具体关注点的转移，其中又可以分为两个较小的认知关注期，分别为 1934~1936 年基于国家内部建设和外部交往的关注期、1940~1942 年基于国家安全与民族独立的关注期。这两个关注期的转折点为 1937 年中国全面抗战的爆发。

1937 年中国开始全面抗战，同年出版了《亚洲弱小民族剪影》一书[1]。该书共 13 篇，分别概述了朝鲜、台湾、菲列宾（菲律宾）、马来亚（马来西亚）、暹罗（泰国）、越南、缅甸、印度、阿富汗、伊兰（伊朗）、伊拉克、巴力斯坦（巴勒斯坦）以及叙利亚等亚洲弱小国家和地区的相关情况。其中的阿富汗部分这样写道："我们检阅地图上的阿富汗，东南两面与英属印度相毗连，北面跟苏联的疆界仅隔一条俄克萨斯（Oxus）河。在地理上，它显然是英帝国主义与苏联两大势力的接触点；在事实上，英帝国主义与苏联却也都欲维持它的缓冲地位。正因为如此，阿富汗在最近十余年来，才能够逐渐走上维新的道路，粗具现代国家的形态……阿富汗脱离英帝国主义的保护而独立，还是一九二一年的事情，即在对苏联签订互不侵犯条约的一年之后。真正的建设工作，则开始于一九三三年十一月被暗杀的奈迭尔国王（Nadir Khan）。奈迭尔国王统治阿富汗只有短促的四个年头，他无情地扑灭各部落的反抗，以全力维持国内

---

1 张弼、吴清友主编《亚洲弱小民族剪影》，生活书店，1937。

的和平，他所造成的安定局面，揭开了阿富汗历史的新页。他以渐进的方法，致力于阿富汗的发展，改革旧的制度与习惯，避免刺激原始的回教徒的情感……"[1] 1945年，《亚洲谈薮》一书出版，其中有《改造中之阿富汗》一文，文中写道："阿富汗和伊拉克、伊朗、土耳其一样，近来都动员以防侵略，倘'北方之强'飞渡了号称天险的兴杜库什山，则大好河山将夷为喋血鏖兵之地。该国为印度门户，所以英国对之非常注意。"[2] 1946年译介出版的《亚洲之地与人》一书，专门阐释了阿富汗的自然环境及其地缘态势，其中写道："阿富汗与印度、苏联均有密切的地理关系，故应将其合并在印度或苏联内叙述较为合宜，但在气候和文化上该地与伊朗又不可分，因之我们将其列入西南亚洲来叙述。在气候上，本区是冬雨式的地中海气候最东分布的极限，雨量是地中海气候中之最少者。地势平均高度超过伊朗，但地形和土地利用，与伊朗殊为类似。阿富汗之世界重要性，在其为英、苏两大势力间之一缓冲国。该国本身并无招致外人征服之吸引力，唯因其当印度北进中亚、欧洲之通衢而显其重要。在其边境两侧，一面是帝国主义者，而另一面则为激进的理想主义者，所以十九世纪最后二十年阿富汗英明的统治者拉曼（Amir Alxhir Rahman）曾在其自传中说过：'阿富汗像一只可怜的山羊，一面是凶猛的狮子，而另一面立着一只可怕的大熊，他们都在待机吞下此牺牲品。'面对着此种事实，阿富汗仍能奋勇维持其独立地位。环列于印度西北边区的阿富汗各部落，一世纪来给英人极大的烦扰，较之印度沿边任何其他民族来得强悍。在过去若干世纪中，阿富汗人曾越过山岭阻塞征服伊朗、布卡拉（Bukhara）和俾路支，而

---

[1] 邵宗汉：《阿富汗》，张弼、吴清友主编《亚洲弱小民族剪影》，第96~98页。
[2] 陶菊隐编译《亚洲谈薮》，中华书局，1945，第73页。

第七章　国运之镜

且也曾占领过印度一部分领土。对于阿富汗自由生存的最大威胁多来自北方,由于从北部侵入该国在地形上较为方便。"[1]1947 年出版的《西部亚洲地理》一书[2],在第二章专门介绍了阿富汗的相关情况。作为这一时期认知阿富汗的尾声,1948 年出版的《三十二国风土记》中,则以《阿富汗——山人国》为标题介绍了阿富汗的相关情况,其中总括道:"第一次大战以后,亚洲有着两个值得注意的民族,各自跟帝国主义的势力光荣地斗争了一番,因而提高了国际的地位。这就是土耳其和阿富汗(Afghanistan)。土耳其的凯末尔将军(Kemal Rarha),收回了许多失地,便在国内竭力推行着新政。土耳其的国势一步步强盛起来了。阿富汗的故王阿马努拉(Amanullah)为本国争得了独立,也用同样彻底的精神打算着除旧布新,然而他的新政刚才开始,国内根深蒂固的封建势力却就把他的王位推翻了。阿富汗的封建状态大半是它的地理环境所造成的。连绵的山岳使这高原国的各部分差不多彼此隔绝。全国这才分成了若干部落,各有酋长统治着。部落间为了争权夺利,往往发生凶残的仇杀,然而每逢国家的大敌当前,各部落也能够联合起来,一致抵抗……阿富汗的国王也许竭力要使这国家能现代化,可以使根深蒂固的封建势力始终成着现代化的阻碍。阿富汗前途的命运是难以捉摸的。然而有一点可以断言,就是今日的苏联和不列颠帝国都要维持它的缓冲的地位。"[3]

"发现"阿富汗:近代中国的知识与国运期待

中国作为拥有众多邻国的大国,认识自身与认识周边是一体的

---

[1] 〔美〕葛德石:《亚洲之地与人》,张印堂、刘心务译,商务印书馆,1946,第 330 页。
[2] 陈正祥编著《西部亚洲地理》,正中书局,1947。
[3] 胡仲持:《三十二国风土记》,开明书店,1948,第 262~270 页。

两面。古代中国人尽管交通条件有限，但已经开始对周边进行不懈的探索与认知，进而逐步累积起关于整个外部世界的认知框架，构筑古代中国的天下秩序观念。进入近代，随着外部世界秩序的变迁以及内部社会思想环境的变化，中国的对外认知视野也经历了一个激烈动荡的过程，并逐步形成了新的对外认知侧重点。在这中间，不可讳言，对外认知的主轴已经转向了对欧美和日本等国家和区域，曾经有着丰厚历史积淀的对于西部邻国的认知则在某种程度上受到了忽视，从而形成了近代对外认知层面的不均衡状态。

"发现"近代阿富汗，不仅是一个在认识层面将阿富汗从中国近代对外视野中抽绎出来的过程，也是一个在比较过程中认知中国近代变革与转型的过程。近代中国知识界对中国国运起伏的关注，也在对中国周边邻国兴亡史的关注中得以体现，这种背景就使阿富汗成为一个很好的媒介聚焦点，并从19世纪后期开始被中国数十年地持续关注，进而形成了关于阿富汗形象的几次认知浪潮。

从破碎小国到统一小国，再到独立自强之国，这是一面国运的镜子，既反映了近代阿富汗的改革与困顿，更折射出近代中国在巨大的社会转折与动荡时代的知识与思想期待。揭示中国知识界认识阿富汗及其国家发展历程，将有助于我们更好、更全面地了解和认识中国的周边邻国，进而更好地了解和认识中国与外部世界之间的历史关联性。随着"一带一路"倡议的进一步推进，我们的周边认知视野也必将得到拓展和提升，包括对阿富汗认知在内的中国对外认知也将更具历史性和语境感。"发现"近代阿富汗在中国知识界的投影，也正是笔者拓展中国对周边和中亚认知视野的一点尝试。

结语　区域、文明，还是历史连续体
——中国的中亚叙述及其话语分类

中亚类型与中亚问题

当我们谈论中亚时，我们在谈论什么？这是一个值得思考的问题。作为与中国有历史和现实紧密关联性的区域，中亚与外部世界的关联性，是我们在思考中亚的时候始终需要关注的，因为中亚虽然有其欧亚腹地的地理学特征，但其历史本身往往处于外部的关联影响中。因此，要理解中亚，中亚与中亚之外的世界都必须了解。

目前由哈萨克斯坦、乌兹别克斯坦、吉尔吉斯斯坦、土库曼斯坦和塔吉克斯坦构成的中亚，作为当代世界版图上的一个重要单元，以及作为中国西部的重要周邻区域，不论是对欧亚大陆的稳定，还是对中国的发展，都具有重要的地缘意义。因此，理解和认知这一区域本身在近代以来的变迁，将为我们提供认识这一区域当下与未来的基础与可能。正如美国学者苏塞克（Soucek）所言："因其处于'中央'位置，中亚地区过去曾是横贯东西的'丝绸之路'国际贸易网络的中心。现代黎明时分发现的大西洋欧洲和东方诸国之间的海路航线，将这一地区地处欧亚大陆中心的优势转化为身处逆境的内陆地区。随着冷战的谢幕，我们听到更多的是关于一个解放的中亚恢复其往昔的战略和经济重要性的传闻，往往与'丝绸之路'和重新发现这一地区地处'中央'的优势有关。现在，在第三个千年到来之际，难以接近海运的不利条件看来再次困扰着地处内陆的中亚，其中心位置可能成为一个包袱而非一项资产。一种强有力的补偿应当是一项改进的强化措施，那就是大力发展中亚与其近邻，即俄罗斯、中国、印度次大陆和伊朗的贸易和其他关系。"[1]

作为中国的周邻区域，中亚本身也构成了一种独特的邻国类型。考察当代中国周边邻国的地理位置及其与中国的历史－文化关联性，可将其大致分为如下几类：（1）域外海岛型，如菲律宾；（2）儒家文化圈型，如朝鲜、韩国、越南等，日本大致也可归入此类；（3）佛教文化圈型，如缅甸、老挝、尼泊尔、不丹等；（4）其他文明型，如俄罗斯、印度、巴基斯坦、阿富汗等；（5）某些阶段共享历史型，如蒙古国；（6）部分互嵌型，如中亚五国。在叙述中国与这些邻国关系史时，往往会体现相应的分类学特征，并因此影响到整个知识界对这些邻国或周邻区域的整体认知框架。中亚五国所在的区域，作为一种独特类型，在与中国的历史和当代互动中，深刻影响着中国的周边与外域认知。

---

1 〔美〕斯瓦特·苏塞克：《内亚史》，袁剑、程秀金译，商务印书馆，2018，第278页。

结语 区域、文明，还是历史连续体

与此同时，受19、20世纪以来地缘政治的现实影响，我们认识中亚时，往往会将其放到俄国扩张－苏联治理的整体背景中加以考量，这当然能够使问题域变得集中，但我们需要注意的是，即便是在19世纪俄国扩展的过程中，中亚议题本身只是其中的一个方向与部分，它在俄国－苏联问题的整体空间中并不占据关键性的部分，但对俄国－苏联之外的其他区域与国家在整体结构方面产生重要的影响。在这中间，"东方问题"可以成为我们理解这一问题的切入点。

马克思、恩格斯在论述俄国与土耳其关系的时候，曾指出俄国与"东方问题"之间的某种内在关联："每当革命风暴暂时平息的时候，一个老是反复出现的问题必定要冒出来，这就是永远解决不了的'东方问题'。例如，当第一次法国革命的暴风雨过去，拿破仑和俄皇亚历山大签订了蒂尔西特和约，瓜分了整个欧洲大陆的时候，亚历山大利用了暂时平静的时机，把军队开进土耳其，向那些正在从内部摧毁这个衰败中的帝国的势力'伸出援助之手'。再如，西欧革命运动刚被莱巴赫会议和维罗纳会议镇压下去，亚历山大的继承者尼古拉就又给了土耳其一个打击。几年以后，当七月革命以及随之发生的波兰、意大利和比利时的起义已经过去，于1831年经过改造的欧洲看来已经摆脱了内部风暴的时候，东方问题于1840年又几乎把'列强'卷入一场大战。现在，正当目光短浅的当权的侏儒们因成功地使欧洲摆脱了无政府状态和革命危险而自鸣得意之时，这个永恒的题目，这个永远无法解决的难题又来了。"[1] 可以说，19世纪的欧洲及其周边区域的问题通过"东方问题"的方式得以呈

---

[1] 马克思、恩格斯：《不列颠政局。——迪斯累里。——流亡者。——马志尼在伦敦。——土耳其》（1853年3月11~22日），《马克思恩格斯全集》第2版第12卷，人民出版社，1998，第5页。

现，进而影响了俄国与土耳其对西部欧洲的认知以及俄国与土耳其之间的相互关系问题。这种结构性的三角关系决定了俄国在欧亚大陆中的自我定位。

从历史的角度来看，19世纪中叶的俄国扩张，是一个具有整体性的过程，东方问题在这里与中亚问题联系到了一起，成为俄国在欧亚大陆推进的两大方向。它要在西部瓜分土耳其，进而夺取君士坦丁堡，从而彻底控制黑海周边地区，打通通往地中海和征服巴尔干半岛的通道。这一计划随着1856年俄国克里米亚战争的彻底失败而瓦解，并削弱了自19世纪40年代以来俄国从哈萨克草原南下的势头，打断了俄国以包抄的方式夺取中亚的计划。[1] 只有在放弃了对土耳其方向的战略进取策略之后，俄国才将扩张力量的重心转移到亚洲方向，进而使原先欧洲的"东方问题"转变为欧亚大陆的"东方问题"；也正是在这一过程中，中亚地区经历了其自身最为关键的转折期，一个从千年历史互动的中心与枢纽区域向帝国力量中心的边缘区域的转折，一个从草原世界秩序的原生区域向新的帝国主义世界体系的附属区域的转折。我们如今对于中亚及其未来定位的思考，实际上都建立在对这一转变的认知与理解之上。

中亚从地理上而言，有其具体的定义，笔者曾有专门文章加以阐释，此处不再赘述。[2] 而随着中亚在近现代进入俄国－苏联的政治经济空间以及20世纪90年代的各国独立，作为连接地带的中亚，以及作为"战争与革命""和平与发展"等主体问题边缘附属地位的区域发展与区域关系之下的"中亚问题"随之形成。这一问题的形成，一方面在于中亚本身所具有的亚洲次区域的定位，另一方面

---

1 王治来、丁笃本编著《中亚国际关系史》，湖南出版社，1997，第149页。
2 袁剑:《"中亚"在哪里？——近代中国人笔端下的"中亚"范畴变化》，《文化纵横》2017年第1期。

结语 区域、文明，还是历史连续体

则涉及中亚本身与近代帝国主义力量及其势力范围之间的结构性关系问题。由于中亚在近代作为俄国版图一部分以及与俄国本土相区别的双重性，在认知层面就形成了与一般意义上的俄国语境所不同的独特空间。结合到具体的研究空间，我们常常会发现，在相关的研究领域称谓上，我们有接续苏联东欧研究传统的"俄罗斯东欧中亚研究"，有对整个欧亚大陆北部区域加以关注的"欧亚研究"，有针对具体国别进行的"俄罗斯研究"，而很少有专门针对中亚议题进行的"中亚研究"。在欧亚板块方面，与此相类似的实际上还有"高加索研究"等。这种情况表明，中亚虽然作为欧亚大陆东西部的一个连接地带，但在具体的问题域方面实际上并不处于中国域外知识的连接性地位，而是处于边缘附属的位置。这种边缘附属性特征，构成了我们如今认知中亚历史进程的整体性背景。

在俄国、苏联以及之后的历史空间中，中亚所处的位置和扮演的角色各不相同，这其中既有内部秩序的因素，也有外部环境的影响。概括而言，沙俄时期的中亚，尽管已经成为帝国版图的一部分，但在帝国的政治结构中，依然属于编外地域，与其欧洲核心区块存在巨大的差异，当地原有的汗国结构遗存与省制依然混杂在一起。对于当时的俄国沙皇及其政府而言，中亚区域与内在群体的"忠诚"是最为关键的。早在16世纪，俄国就力图与中亚形成某种关联。自从16世纪50年代俄国征服位于伏尔加河流域的喀山汗国和阿斯特拉罕汗国之后，其势力就推进到了里海区域，开始真正面对一个广阔的中亚地带。[1] 但由于当时贯穿伏尔加河与里海之间的贸易商道被哥萨克人所控制，这一时期俄国与中亚之间的交流还存在

1　Edward Allword, *Central Asia: A Century of Russian Rule*, New York: Columbia University Press, 1967, p. 1930.

一定的阻碍。随着17世纪的到来，俄国在东进西伯利亚的同时，开始了向中亚的推进步伐。而值得注意的是，当时的中亚各汗国依然处于繁荣时期，因此俄国在介入中亚的方式上采取了独特的手段，他们给予中亚商人以特权，准许其为俄国贩卖当地奴隶。当时的哈萨克人不仅将卡尔梅克人和西伯利亚的鞑靼人贩卖到俄国的奴隶市场上，而且将俄罗斯人卖到中亚各汗国为奴。基于这一原因，当时的俄国高层常常将哈萨克人看作导致当地动乱局面的根源以及向中亚地区扩张的阻碍，是俄国着力征服的对象。[1]而随着1847年俄国控制哈萨克草原，加之1861年美国内战的爆发所导致的全球棉花供需失衡，当时适合棉花种植、人口稠密的费尔干纳地区逐渐进入俄国的视野，对这一地区的最终控制是建立在对当地的三个汗国——希瓦汗国（始建于1512年）、布哈拉汗国（始建于1501年）和浩罕汗国（始建于1710年）——的征服基础之上的。作为15~16世纪帖木儿帝国的历史遗存，这三个汗国控制了人口众多的费尔干纳谷地。俄国对费尔干纳谷地的最终控制，拓展了俄国的版图，更重要的是俄国也通过控制和发展当地的棉花种植和出口，真正参与到美国内战所造成的世界棉花短缺的贸易契机当中，最终有力地推动了19世纪后期俄国经济的大发展。此外，为了消除当时欧洲列强尤其是英国的顾虑，1864年，俄国外交大臣戈尔恰科夫宣称，俄国的动机实际上非常简单，只是需要保证一条有效的边界，俄国只有在推进到定居国家的边界时才会停止；而一旦俄国在这些地方停下来之后，就会修筑一条堡垒线来保护它的疆域，从而使习惯于劫掠的游牧群体意识到贸易要比劫掠更合算，俄国也将会赐予他们"西方文

---

[1] 王治来：《中亚通史》近代卷，新疆人民出版社，2004，第102~103页。

明"的荣光。[1] 可以说，在此基础上获得的中亚"忠诚"，不仅在于保障俄国政治结构和帝国框架的稳定，而且在于借由这一区域，俄国得以成功地在近代世界分工和世界体系中获得一个有利的经济角色，并进而在经济成功的基础上，奠定更为坚实的政治与经济基础，这种基础要远胜于克里米亚战争之前的俄国。

苏联脱胎于俄国既有的地理空间，但其本身是一种力图超越俄国历史与传统的新尝试。它试图以一种新的意识形态话语和苏维埃结构来整合原来俄国内部的群体、宗教与认同，并以一种超越斯拉夫主义的超国家架构来搭建之前未曾有过的共和国联盟结构。虽然这种理念最初诞生于当时的革命领袖对于俄国欧洲部分的思考，但在这种大背景下，中亚区域成为一片更大的"试验场"。通过20世纪二三十年代民族识别和加盟共和国的划界，苏联在其一国建设社会主义理念的指引下，在中亚推动了其群体平等话语的实践。在这个过程中，"平等"成为这一时期苏联中亚及其在苏联内部关系和中央－地方关系层面的关键性定位。而值得注意的是，这种结构本身必须以苏联中央政府强大的资源配置能力以及总体资源的富集为基础，一旦整体资源缺乏，再加之中央政府权威弱化，其具体实践就会受到严峻挑战，苏联在20世纪80年代后期的状况鲜明地体现了这一点。

随着1991年苏联的解体和中亚各国的相继独立，中亚本身实际上已经不再是俄国、苏联法定继承国——俄罗斯联邦版图空间的一部分；俄罗斯也在政策实践中放弃了苏联时代的一些理念。中亚本身也转变为新的独联体和俄罗斯对外关系框架下的安全、外交与合作问题的对象，政治和国家层面的"安全"成为这一时

---

[1]〔英〕加文·汉布里主编《中亚史纲要》，第279~280页。

期俄罗斯在中亚着力追求的主要内容,其政策走向都围绕这一关键内容展开。

总体而言,在俄国、苏联和后苏联时代中,中亚地区分别代表了"忠诚"、"平等"和"安全"三个不同的关键词,而"中亚问题"也相应地呈现为不同的形式:俄国时代的中亚问题,实际上涉及的是"帝国-边缘"结构及其如何维系与治理的问题;苏联时代的中亚问题,实际上指向的是"革命-桥梁"结构及其如何在世界革命的大背景下加以实践的问题;而后苏联空间中的中亚问题,则转变为"国家-关系"结构及其在内部关联性断裂的情况下如何保障稳定国际关系和自身发展的问题。理解这些阶段性特征及其结构变化,将为我们更好地认知和思考中亚在中国叙述中的定位及其未来走向问题提供必要的前提与基础。

中国叙述中的"中亚问题"及其特征

作为一个具有悠久文明传统的国家,如何认知与叙述周边区域的历史及其与自身的关联性,始终是各个时期的中国都必须面对和思考的问题。如果说古代的王朝兴替构筑了中国自身对于东亚世界及其内部秩序的整体认知图景与实践逻辑的话,那么随着西方近代化和殖民力量的崛起,新的洲际性力量(如英、法、俄)进入了原本较为稳定的东亚和中亚秩序之中,使包括中亚在内的亚洲区域出现了整体性的近代转折,殖民体系替代了传统的朝贡体系,并为后来的亚洲国家地缘新结构奠定了基础。在千古未有之大变局中,中国自身的周边认知及其框架发生了根本性的变化,传统意义上具有自我中心性的天下空间开始让位给当时现实存在的万国体系,中国本身在认知层面也被内缩为万国体系列下的一个国家。与之相应，从古代到近代，中国对疆界空间及域外区域的认知也经历了一个从混沌想象到模糊同一，再到清晰分界的整体过程。

具体到对于西北方向的认知层面，在中国自身的历史认知与叙述中，同样存在着一个从"西域"到"中亚"的话语演变过程。在以"二十四史"为代表的中国历代王朝官方正史中，中原王朝与周边政权的关系是其中的重要内容，而现实的关联性也成为中原王朝认知和处理周边事务的主要动力。在汉唐时代，西域成为中央王朝对外力量投放的重要区域，开拓西域的过程也成为体现汉朝与唐朝进取心的重要标志。但正如有研究者指出的，即使在唐朝的大力进取时期，"吐蕃人一直骚扰着唐朝通往西方的通道，这种情况一直持续到了高丽族大将军高仙芝将他们打败为止。但是在天宝十载（751），形势急转直下，高仙芝这位英雄在怛罗斯河目睹了自己的军队在阿拔斯朝军队的猛烈进攻之下，被打得分崩离析的境况。此后，伊斯兰势力控制了中亚，大食人也开始在唐朝各地出现了：大食军队曾经帮助唐朝政府镇压了安禄山的叛乱，而（相反的）在短短数年之后，大食海盗却卷入了对广州的劫掠"。[1] 进入宋代，中原王朝逐渐内敛，到了元明清时期，大一统王朝从实践层面确立起了"西北－东南"之间的结构性关系，尤其是清朝，最终奠定了中国疆域的广阔版图。与疆域空间内部"西北－东南关系"的逐步确立相同步，元明清三代尤其是清朝对于"西域"的认知也经历了一个从模糊向清晰转变的过程。到了清末，随着对俄国占据中亚相关事实的逐渐了解，中国知识观念中原有的"西域"空间逐渐发生分化，"西域"被分为俄属中亚区域与中国西北区域，进而在此基

---

[1] 〔美〕薛爱华：《撒马尔罕的金桃：唐代舶来品研究》，吴玉贵译，社会科学文献出版社，2016，第47页。

础上形成了在西北方向上的本国与域外空间认知框架,并一直延续至今。

值得注意的是,近代中国对中亚的认知,所体现的不仅是当时中国对外视野的转变,更是这一区域本身在中国理解自身内部发展时所具有的对照性意义。从这种意义上说,中亚与东亚一样,是中国与中国知识界对自身相关问题及发展理念的区域性折射,只不过东亚部分指向的是中国东南部的区域性认知视野与期待,而中亚所指向的是中国西北部的区域性认知视野与期待。

在具体的政策指向层面,如果我们按时间轴线加以概要分类的话,就会发现,在中国的中亚叙述中,存在一个基于现实政治的维度,那就是"中亚问题"在近代才形成其特定的问题域,这在某种程度上是与我们对"中亚"的域外定位联系在一起的,因为只有在近代,中亚作为明确的域外空间方才确立。在俄国控制中亚的时期,"中亚问题"附着于俄国研究,而到了苏联治理中亚的阶段,"中亚问题"则附着于苏联研究,长期以来并不单独形成中国关于"中亚问题"的总体话语。随着苏联的解体和中亚各国的独立,这些新国家成为正在转变中的世界秩序的参与者,作为中国周边最大的地缘政治变迁版块,其内外变动给中国带来了巨大影响,"中亚问题"在当代中国话语中逐步形成,并在特定的问题域上呈现出独特性。

在这过程中,我们会发现,在中国对中亚的认知中,存在着"连续性"与"断裂性"并存的局面。所谓连续性,一是指从古代中国对西域认知开始,一直到1840年,这是中国传统西域叙述的古代史序列,具体以中西交流史的形势呈现出来。在这种连续性中,所强调的是西域文化传统与文明交往的历史延续特征,具体的政权结构及其相关关系并不是其关注的中心。二是指从1949年新中国成立尤其是1991年苏联解体、中亚五国独立以来,中国对于中亚的相

结语 区域、文明，还是历史连续体

关叙述。这种叙述呈现的是国际关系的底色。在这种连续性中，所强调的是当代国家间相互关系的延续发展问题，中亚区域文化传统与文明交流问题并不是其关注的中心。在这两种"连续性"当中，呈现出一种内在的"断裂性"，具体而言，就是在古代史（中西交流史）框架和当代国际关系框架之间，在叙述逻辑和关注中心方面，形成了某种错位与断层。这种错位与断层，不仅使我们对中亚在近代中国的知识认知过程中出现阶段性的缺失，还使我们在对中亚问题的整体性思考与叙述方面，在内在逻辑和阐释结构上无法形成系统性的衔接。这种情况使得近代中亚的图景无法形成，进而使大众对中亚尤其是近代的中亚形成了独特且近似于白板式的异域想象，这又进一步折射出我们在中亚话语层面的知识空白。

在这样的情况下，如何描述近代中亚的图景，如何对这种图景进行全局性的理解与把握，从而揭示其与中国本身内部变迁的具体关联，是需要我们进一步认识和思考的问题。

区域、文明、历史连续体：关于中亚的叙述及其分类

中亚在欧亚大陆的人类互动中占有一个相对特殊的位置，其内在的阻隔性与联通性并存。以"时－空"背景为基础，我们关于中亚的叙述，从总体上看存在着如下三种基本的认知框架：（1）作为区域的中亚认知；（2）作为文明的中亚认知；（3）作为历史连续体的中亚认知。这三种框架类型的共存，在某种程度上体现了当下我们对中亚认知所具有的复杂性，以及依然在这一区域的历史空间与当下范围、文明发展的既往道路与当下传统、政权延续的历史资源与当下书写之间存在的理念和实践层面的差异与冲突，这些差异与冲突还将反过来影响我们中亚整体观的生成。因此，如何理解作为区

域的中亚、作为文明的中亚以及作为历史连续体的中亚，就显得十分必要。

1. 作为区域的中亚认知

在这种认知框架中，中亚主要作为"区域"被定义和存在。在具体的学科叙述和话语分类方面，中亚往往是国际关系、经济学等学科阐释的主要内容。在这种框架下，"中亚"与"东亚""东北亚""东南亚"等作为具有同质性的亚洲次区域单元，形成自身的孤立性特质、板块化特征，并在具体的地缘性研究中被视为均质体加以对待。而在事实上，这些在我们看来是均质体的区域内部，由于不同的地理、生态与人群分布，具有其自身的内部分界逻辑，且其本身作为次区域名称的形成与公认时间也并不相同。"中亚"的称谓及其内在歧义既是欧洲东方学与近代殖民扩张的产物，也跟近现代的英俄大博弈以及美苏争霸、冷战背景息息相关。上述要素都被添加到中亚的区域认知当中，最终使这一区域本身具有了超出于一般化区域的多重内涵。

当然，当下作为民族国家区域的中亚，其空间范围直接源自俄国与苏联时期，因此，历史性地理解这一区域及其内部分界的形成过程及其内在逻辑，将有助于我们更全面地理解这一区域的近现代转变。在历史上，除了费尔干纳盆地之外的中亚地区多为游牧民族的活动区域，当地民族群体的划分往往按照其居住地的海拔高度、自然地理区域和经济作物类型进行，并不具有明确的地域界限。随着俄国逐步吞并中亚地区，到 19 世纪末 20 世纪初，其在中亚北部设立草原总督区，驻地为鄂木斯克，在南部绿洲设立突厥斯坦总督区，驻地为塔什干，从而确立起"北部草原+南部绿洲"的中亚治理格局。与这一治理格局相应的则是基于地域与生态而形成的中亚

结语 区域、文明，还是历史连续体

人口分布格局。从总体上说，一直到20世纪初期，即便是在俄国控制这一区域之后，其行政治理格局依然基本上保持了这种状态，这种状态符合当时以农牧业为主的区域经济格局及其相关的人口分布态势。

中亚各国当前的边界状况，是苏联在20世纪二三十年代民族识别和加盟共和国划界的结果，这一结果也使得既有的"北部草原＋南部绿洲"的地域格局转变为"哈萨克斯坦＋苏联中亚四国（乌兹别克斯坦、吉尔吉斯斯坦、土库曼斯坦、塔吉克斯坦）"（Казахстан и Средняя Азия）的加盟共和国格局。早在1924年，当时的苏联政府就开始着手在原俄属中亚地区进行民族识别和加盟共和国划界，这种划界行为打上了当时政治意识形态的烙印，并没有充分考虑当地的地理特点和既有的行政区划，也没有对当时族群的历史居住格局和文化特征进行严格意义上的分类，只是基于政治治理和全联盟"一盘棋"的经济规划需要所采取的相应措施。

苏联解体后，中亚各国继承了苏联时期的行政结构，继续维持现有边界，共同奉行不破坏边界的原则。1993年8月，中亚五国签署声明，进一步确认了这一原则。在此基础上，中亚各国基于各自国家利益的考量，迫切想要解决自身与周边各国的边界争议问题，但由于这一问题的历史遗留特征、多边状况，以及在中亚各国自身民族国家建设中所起到的政治动员工具作用，在具体的解决过程中进展缓慢。有研究者指出，中亚各国的公民认同感建立在民族的和领土－文明的认同感基础之上（见本书导论）。当代中亚问题的诸多方面，都与其近现代的空间形成有关。

同理可推，在近代之前的中亚，同样存在着不同时段的区域空间构筑逻辑，这些逻辑在当时语境下也会影响各个群体对中亚区域具体范围及其内部各个政权之间的认知。总而言之，作为区域的中亚事实上充满着范围与空间上的变动,当下的相关认知有必要注意并揭示这其中存在的流动性。

2. 作为文明的中亚认知

自区域认知之外,我们对于特定区域会有文明的认知框架。"中亚"除了具有一般区域的特征之外,还附着了宗教、民族、文化方面的独特性,进而构成"文明"的基本单位。在相关的学科叙述与话语分类中,包括佛教和伊斯兰教在内的宗教研究,以及民族语言与文化研究等,主要关注这一方面的议题。

在对中亚的文明定位方面,汤因比曾将中亚的很大一部分的游牧文明区域视为"停滞的文明"。他认为停滞的文明与社会的共同特点在于,它们都因为尝试并实现了一次重大的行动而停滞了,并对恰好介于刺激与过分刺激之间的挑战进行了应对。在他看来,那些"流产的文明",在试图出生的时候,遇到了难以逾越的困难,因而不幸夭折,而"停滞的文明"则赢得了第一个回合,却在接下来的竞争中遭受挫败。如果游牧民族不抛弃自身的游牧标记,就无法超越文明层级,进而向更高一级发展。[1] 当然,对中亚文明的认知,也存在不同的看法。有论者认为:"新的发明,新的思想,和新的风俗习惯,仍继续由欧洲或近东传至东方、印度及中国;然而印度,尤其是中国,常能居西土之先,以贡献其文化特征,这些文化特征对于整个西方世界的历史,实具远大影响。从这许多东、西文化刺激力的不断交换,才可以进言世界史,以别于其他分疆划界的区域史。于此有特别重要的一点:这些文化特征的互相交换,多数皆经

---

1 〔英〕阿诺德·汤因比:《历史研究》,刘北成、郭小凌译,上海人民出版社,2005,第113~115页。

过中央亚细亚。例如吸收欧洲的诸多文明,传播至于中国的,就是中亚人;而许多中国的发明,也由他们带回欧洲。因此之故,假如印度和中国可包含于世界史的范围中,则中央亚细亚显然也应受同样的待遇。"[1] 从历史的层面来说,这种认知的差异及其多元,正是中亚在古代和近代整体定位转变的表现,它本质上是一个文明的"黑洞",既吸收其他文明的养料,也吸引其他文明的艳羡目光,但在近代变得黯淡,让人有所畏惧、空留想象。目前,世界的整体状况有所改变,但尚未逆转,因此,作为文明的中亚及其定位依然处在思考与争论当中。

而在现实的社会生活层面,在数千年的历史演化中,中亚地区也形成了两种不同的、各具特色的生活方式,一是农业生活方式,二是游牧生活方式。"第一种生活方式,是由存在于河流沿岸,例如泽拉夫尚河和塔里木河,或者绿洲地区的农业社会构成的。完备的水利设施,为这些地区的精耕细作提供了条件。这样一些定居地区(卡拉库姆沙漠中的木鹿绿洲是其中最典型的例子),形成了被沙漠和草原包围的很小的农业岛。虽然这些农业岛通常是相互孤立的,但一般说来,在多数日用必需品方面,它们还是可以自给的。在这样的绿洲和河流渡口,形成了一些乡镇。这些乡镇不仅发展成了当地一些贵重产品的制造和传播中心,而且还在横贯大陆的商队交通中,扮演了不可缺少的角色。这些乡镇所处的地位,不可避免地在其居民中产生了一种公认的'绿洲思想',这种思想的特点,就是缺乏智力上的求知欲,这种情况仅仅由那些来往从事商队贸易的人,部分地得到了补偿。至于那些都市的名流学者们,他们的文化,通常不外乎是中国或伊朗文化

---

[1] 〔美〕W. M. 麦高文:《中亚古国史》,第3页。

的延伸。至少在中亚西南部，正是这些中心都市扮演了伊斯兰教文明渗入中亚的先锋的角色。"[1] 第二种生活方式则是草原游牧部族的生活方式："游牧生活在不同的时期和不同的地区，总是显示出向不同方向发展的趋势……由于缺乏定居社会因素的影响，中亚游牧生活有它自身发展进化的历史，这不仅可以从游牧生活内部的紧张关系中反映出来，而且也可以从与中亚接壤的诸文明对草原游牧民族的影响上反映出来。"[2] 理解这两种生活传统在数千年中亚历史中的持久性与延续性，将为我们理解中亚作为文明背后的社会经济基础提供必要的前提。

在此基础上，当我们有针对性地面对中亚各个阶段的文明样态及其表现形式时，就必须呈现这一区域农耕与游牧及其所在区域之间的内部关系和外部关联。此外，这一区域及其外部关联过程中曾经有过的诸如佛教文明、俄罗斯文明、苏维埃文化及其相关遗产等问题，也需要我们客观全面地认知（见本书附录一）。

3. 作为历史连续体的中亚认知

除了区域与文明论述之外，现实中的中亚还存在一种"历史连续体"的叙述。在世界史的实践中，往往通过叙述主体自身文献及周边文献，以欧洲史的时段性来重构"中亚"的历史脉络，并与周边的区域与历史进程加以对比。而在中国史的实践中，也往往表现为以中国王朝史的时段性来重构"中亚"的历史脉络。在当下，则更多地表现为中亚各国对自身历史的选择性重述。在这些过程中，作为历史连续体的中亚往往被各种需求主体所捏合，并存在着各种

---

1 〔英〕加文·汉布里主编《中亚史纲要》，第14页。
2 〔英〕加文·汉布里主编《中亚史纲要》，第16页。

结语 区域、文明，还是历史连续体

被捏合的叙述之间彼此冲突与调适的问题。在学科叙述与话语分类上，则主要涉及世界史中的中亚史论述、民族史中的西域史叙述以及中亚国家自身的历史书写等。

在叙述的连续与范围方面，作为历史连续体的中亚与"丝绸之路"的实践性地域形成某种内在关联。但值得注意的是，所谓的"丝路地区"，其特征在于联系性，而非单一性。正如研究者所指出的："丝路地区的特点是，它把伊朗、印度和中国的文明结合成一体，而自己本身不是一个单一的文化区，在这里，我们不仅可以感受到上述三种文明的影响，而且正如生活在中亚大草原和半沙漠地带的游牧民族文化一样，沿着丝绸之路的那些绿洲，也构成了这个地区的特色。"[1] 在历史的长期发展中，没有哪个大国在中亚地区长期存在过，而如果说在大草原上曾经建立过这样一个国家的话，那么，通常在数代之后就灭亡了。值得注意的是，虽然在中亚绿洲中的一些城邦曾经形成过相对稳定的政治实体，但在历史上，其往往会受到游牧或其他大国力量的威胁，常常扮演某个外部力量的藩属角色。在历史的实践中，这些绿洲城市很多也是某些较高的物质文明与精神文明的体现者，既吸收了外部文明的成果，又成为其他文明的接力传递者。因此，理解这种文明互动过程中的历史进程及其呈现图景，就显得十分关键。而在这个过程中，当代的中亚国家也在进行自身的历史叙述，了解和认知这些新的国家叙事风格及其整体历史观念，将有助于我们更好地理解这一区域内部国家当下和未来一个时期的自我定位与走向（见本书导论）。

总体而言，作为历史连续体的中亚框架，在某种程度上构成了一种相对自洽的历史书写模式，并在此基础上构成中亚域外各国相

---

[1] 〔德〕克林凯特：《丝绸古道上的文化》，赵崇民译，新疆美术摄影出版社，1994，第1页。

关论述的整体面貌，而随着当今中亚各国国家认同建构的进一步推进，在内部叙述方面形成新的历史连续体模式。在可见的未来，在不同的叙述主体存在的情况下，作为历史连续体的中亚框架是多元的，也会是竞争性的。中国叙述中如何面对和处理中亚作为历史连续体的结构与逻辑问题，需要进一步的思考。

寻找整体的"连续性"：构筑我们的一般中亚观

由于中亚所在的作为区域、文明或历史连续体的不同定位，及其在不同学科视野之下不同的认知框架，作为区域的、文明的和历史连续体的中亚议题之间所存在的某种错位与缺漏，不利于我们全面认识中亚及其在中国与外部世界关系中的整体定位。这种状况，需要我们更为系统地找到区域、文明与历史连续体之间的内在关联性与现实可能性。

我们需要找回区域的"时空感"。在将中亚视为一个区域的过程中，考虑到历史的连续性，这个区域的时空范围并不是一成不变的，无法以当前中亚各国的国家疆域去界定整个中亚的历史性疆域范围，有必要更全面地考量本区域的动态变化过程，不仅关注当代中亚的整体变迁，而且应该对这一区域在不同时段的具体范围加以较为明确的界定，从而知晓和理解中亚在人类有史以来的不同时期所扮演的地缘角色及其跟周边区域的独特关系。

我们需要找回文明的"时代感"。在认知中亚的过程中，我们有必要更全面地探究中亚作为文明的阶段性演进历程，不仅关注当代的宗教与社会样态，而且应该正视古代的宗教与文化变迁及其社会文化形态，从而理解这一区域文明同样存在的阶段性及其历史的"非终结性"，以及中亚在当代和未来的世界文明交往交融中拥有的

结语 区域、文明，还是历史连续体

新位置与新可能。

我们需要找回历史连续体的"边疆感"。我们有必要更好地理解历史和当代阶段中亚地区及其内部国家在构筑自身历史连续性空间过程中的主体与边界所在，并在这个过程中认识到在中亚历史书写中存在的空间外溢与边疆定位问题，结合中国的相关议题，则有助于我们更好地认知与处理中亚国家历史话语与中国自身的区域叙述之间存在的差异，并以此来理解当下的"丝绸之路"及其话语实践。它所指代的不仅是一种关于欧亚大陆既有互动与交往的历史与现实，其当代内涵更是对整个欧亚东西方交流与互动的建构，这在某种程度上形塑了新的世界视野。我们说，这种视野既跟传统中国在东亚世界的朝贡秩序有所差异，又不同于殖民时代列强竞逐下的帝国秩序，它所展现的是中国认知当下与未来世界的新框架与新实践。[1]

为此，我们需要确立起"一般"（general）中亚观。这种观念不应该仅仅局限于对中亚的单一化叙述，不应该局限于对中亚当下历史、文化与宗教现状的描述，而应该形成一幅中亚内部农耕区域及游牧区域互动发展、历史文化演进变迁的完整图景，并揭示其在古代欧亚与当代世界格局中的结构性角色及其内在发展逻辑，从而为构筑我们自身的中亚认知与解释框架提供必要的基础。

---

[1] 袁剑：《丝绸之路、地方知识与区域秩序："丝绸之路"的概念、话语及其超越》，《陕西师范大学学报》2017年第4期。

附录一 中亚地区文化遗产保护：历史、现状及特质

当代中亚一般包括随着苏联解体而独立的哈萨克斯坦、乌兹别克斯坦、吉尔吉斯斯坦、土库曼斯坦和塔吉克斯坦，有时还包括阿富汗等国。在历史上，这一地区是欧亚大陆东西方文明交流互鉴的重要枢纽；在现实层面，这一区域又是当代世界地缘政治的重要舞台。

由于近代地理大发现以及随之而来的殖民主义世界扩张，整个世界力量的重心从欧亚大陆的枢纽地带转移到了海洋和西方世界，曾经辉煌一时的丝绸之路贸易逐渐衰落，相伴而来的是经历过欧亚大陆兴衰起伏的中亚辉煌时代逐渐消逝，其最后的荣光在19世纪后期的英俄"大博弈"中彻底黯淡下去。此后的中亚作为俄国－苏联的一个内部区

域被纳入俄国－苏联的国家治理与文化建设框架当中，直到 20 世纪 90 年代初最终独立。[1]

文明在互鉴中发展，在交流中前行。随着"一带一路"倡议的提出，中亚地区日益成为中国西向开放的重要区域，中亚与中国在文化领域的交流也日益频繁和深入，双方在文化遗产方面的互动与合作也跃上了新的台阶，并在诸多方面形成了广泛的共识。有鉴于此，认识和了解中亚文化遗产的历史、现状及其区域特质，将更好地丰富我们对周边国家和区域社会文化状况的认知，进而更好地促进中亚地区国家与民众对中国的理解与认知。

保护历史

进入 19 世纪，随着俄国逐渐侵入和吞并中亚地区，以及在十月革命后的 20 世纪 20~30 年代通过行政手段进行的民族识别和加盟共和国划界，这一地区之前的汗国结构被彻底打破，全新的民族及其区域认同得以塑造。与中亚政治经济秩序被纳入俄国－苏联体系相应而生的，是历史与认同层面的俄国化与苏联化，这表现为这一区域的历史被叙述为俄国－苏联历史发展中的一个后续组成部分，也就是说，确立起了一个在中亚历史叙述层面的俄国－苏联时间线，其他被摧毁的各汗国时间线以及各群体的时间线被降格甚至掩盖。随着中亚新加盟共和国的建立，在发展这些新的区域化民族性过程中，为了将这一区域的民族群体及其分类合法化，就有了将其进行历史性叙述的内在需求。在中亚地区民族识别、加盟共和国划界与当地民族解放事业等同化的过程中，当地的文化遗产扮演了一

---

1 袁剑：《从"西域"到"中亚"：中国的中亚认知及其历史变迁》，《文化纵横》2018 年第 2 期。

种关键性的角色。[1] 表现在文化遗产层面，这一区域原有的俄国文化时间线被苏联文化时间线所取代，与此同时，中亚各加盟共和国各自的文化时间线也逐渐形成。这些时间线彼此之间是并行的，同时是从属于更高层级的，还是主轴的苏联文化遗产时间线叙述。在这一语境之下，中亚文化遗产只是俄国－苏联历史文化空间的一个组成部分。

1934年苏联政府颁布《保护古物补充法令》，将重要古物分为"禁止类古物"和"登记类古物"两类，其中前者由国家负责保管，列入国家预算，后者则由所在地苏维埃机关负责保管和维持，列入地方预算。而值得注意的是，虽然诸多历史建筑被列为文物保护单位，但因为受到意识形态、世界大战等因素的影响，其具体保护过程跌宕起伏。[2] 正如有学者所指出的，苏联文物保护单位的组成在很大程度上受当时国家和社会的意识形态、经济水平、特定历史时期的社会任务的影响，如果说20世纪30年代最具标志性的历史事件是由"战斗的无神论"这个意识形态所引发的一系列文化建筑被列为文物保护单位，那么战后最为突出的就是国家文物保护方面不断变化的政策：某一时期对文物保护问题极为关注，然后就转变为冷却状态，这就导致了一些文物被列入保护范围，而另一些则被撤销。[3] 在苏联时期，中亚地区的文化遗产（基本上是物质文化遗产）大部分属于加盟共和国级的文物保护单位。长期以来，在苏

---

1 Jonathan Levin, "From Nomad to Nation: On the Construction of National Identity through Contested Cultural Heritage in the Former Soviet Republics of Central Asia," *New York University Journal of International Law and Politics*, Vol. 50, No. 1, 2017.

2 王运良：《文物保护单位管理制度与国外类似经验——新中国文物保护制度的背景考察之四》，《中国文物科学研究》2011年第4期。

3 《苏联不可移动文物：文物的登记和分级问题》，http://www.kulturnoe-nasledie.ru，访问日期：2018年6月5日。

联的具体实践中,对包括中亚在内的各地区文化遗产的保护中,其主要内容是对"历史文物"的保护。当时的苏联学者这样写道:"我们是值得为我们民族的艺术作品而夸耀的。而保存最好的方法是收集在博物馆或文物库房中。当然,这些博物馆的陈列品,那就更是神圣不可侵犯的了。但是在博物馆中所保存的,只有个别分散的不同世纪的作品,但是像石制或木制的建筑文物和它不可分离的艺术品,它们共同组成了重大的历史、艺术和文化的遗产,那却是不能搬动的。"[1]

从20世纪70年代开始,随着国际文物保护运动和遗产体系的逐步建立,其对当时苏联的影响也日益增强。苏联国内学界开始引入"文化遗产"这一概念,并将"文物"作为文化遗产的组成部分,重新思考相关理论及其方法论意义。1988年,苏联文化基金会主办的《我们的遗产》杂志创刊,传统的"历史文物"概念被"遗产"概念所取代。[2]但在具体实践层面,苏联官方依然主要采用"历史文物"的名称。例如,1976年10月29日公布的《苏维埃社会主义共和国联盟历史文物保护和利用法》总则第一条就规定:"历史文物是指那些与人民生活中的历史事件有关的,与社会和国家的发展有关的建筑物、纪念地和纪念物,以及具有历史、科学、艺术或其他文化价值的物质和精神创造的产品。"并在内容方面进一步细分为历史遗迹,有考古价值的遗迹,城市建筑和建筑艺术遗迹,艺术遗迹,文献性的遗留物以及其他具有历史、科学、艺术或别的文化价值的实物。[3]

---

[1] 《苏联不可移动文物:文物的登记和分级问题》,http://www.kulturnoe-nasledie.ru,访问日期:2018年6月5日。
[2] 程殿梅:《俄罗斯文化遗产保护的理论与实践》,《民俗研究》2015年第1期。
[3] 袁剑:《镜像性、时间线与整体观——近代以来中国对中亚诸国的认知观念流变及其特征》(待刊)。

1972 年 11 月，联合国教科文组织通过《保护世界文化和自然遗产公约》(Convention Concerning the Protection of the World Cultural and Natural Heritage)，以缔约的方式，推动各国对自然和文化遗产的保护；2003 年 10 月 17 日，联合国教科文组织又通过《保护非物质文化遗产公约》(The Convention for the Safeguarding of Intangible Cultural Heritage)，进一步完善世界文化遗产保护体系。苏联对于签署《保护世界文化和自然遗产公约》一度持谨慎态度，于 1988 年方才加入，并成为联合国教科文组织世界遗产委员会成员。苏联解体之后，中亚各国开始以新的主权国家参与到新的文化遗产保护与实践当中。本附录所指称的"文化遗产"，既包含物质性的，也包含非物质性的。

现　状

1991 年底，随着苏联解体和中亚各国相继独立，中亚各国在政治上实现自主的同时，在文化和身份认同上面临一个如何塑造与原有的苏联内部空间所不同的、全新的、唯一的民族国家问题。当没有了苏联这一民族身份创造者之后，中亚各国既有的民族及其国家空间以怎样的方式来加以维系和巩固，成了各个中亚国家必须回应和处理的问题。长期以来，这些曾经的苏联加盟共和国的文化与历史是由莫斯科来主导叙述和梳理的。而在独立后，各国既有的国家时间线得以进一步强化和延伸，并开始抛开苏联时间线这一原先的主轴，通过动用本土曾经存在的古老政权遗存及传统资源的方式，来重构各国的时间线叙述。在这种态势下，中亚各国的历史与文化时间线开始出现交错与冲突，并通过相应的文化遗产与历史叙事影响着周边邻国的认知。[1]

在这一时期,"文化遗产"概念在独立后的中亚诸国逐渐被接受,逐步取代了原先较为狭义的"历史文物"概念,并成为中亚各国参与国际文化遗产保护与实践的基本共识。中亚各国相继加入《保护世界文化和自然遗产公约》和《保护非物质文化遗产公约》,中亚地区的文化遗产保护也在国际合作的大背景下日益推进。中亚自身的文化遗产空间在这些年逐渐被国际社会认可,并日益成为构筑中亚国家、社会与文化主体性的重要组成部分,它已经与当代俄罗斯的文化遗产空间相分离,两者形成各自发展的新态势。

哈萨克斯坦在中亚诸国中目前发展形势较好,社会政治环境较为稳定,并逐渐在地区和国际事务中发挥重要作用。作为习近平主席"一带一路"倡议的提出地,哈萨克斯坦在推进互联互动、互利合作等方面与中国的交流日益深入,在文化遗产保护领域也与中国开展了多方面的合作。在哈萨克斯坦国内,制定了一系列的法律法规,例如颁布了《保护和利用历史文化遗产法》,并对既有的《文化遗产法》进行了相应的修订。此外,随着经济形势的好转,哈萨克斯坦政府逐年增加对文化领域的投入,至2010年达到3.5亿美元。在具体的考古研究和文化遗址保护方面,哈萨克斯坦文化部筹建了民族文化中心和阿里·法拉比陵园,分别设立了伊塞克历史文化保护区和列别尔历史文化保护区。此外,泰姆格里考古景观岩刻和霍贾·艾哈迈德·亚萨维陵墓已被列入《世界遗产名录》。2014年丝绸之路联合申遗成功,该国境内入选遗址共有八处。

作为中亚地区的交通枢纽,吉尔吉斯斯坦由于地缘的关系,较为重视丝绸之路区域的文化遗产保护,主要依靠政府来推动保护工

---

[1] 严敬敏译《苏维埃社会主义共和国联盟历史文物保护和利用法》,《中外法学》1983年第4期。

作，其资金主要来自政府拨款和国际支持。该国正计划对阿克·贝希姆遗址、布拉纳遗址进行保护和修复工作。在 2014 年中、哈、吉三国丝绸之路合作申遗成功后，该国有三处遗址被纳入《世界遗产名录》，分别为中世纪古遗址阿克·贝希姆遗址、克拉斯纳亚·瑞希卡遗址和布拉纳遗址。[1]

目前乌兹别克斯坦国内拥有四处世界文化遗产古城，其内容有重叠之处，但也有所不同。在 1990 年被认定为世界文化遗产的希瓦（Khiva）古城遗址，保存着一个长方形的中古时期堡垒；1993 年成为世界文化遗产的布哈拉（Bukhara）古城，在帖木儿帝国时期是第二大城市，但现有部分主要建成于 16~17 世纪，当时是昔班尼王朝的首府。联合国教科文组织的评定意见书认为：（1）布哈拉的城市布局与建筑对中亚广大地区的城市规划与演变起到了深远的影响；（2）布哈拉至今仍然完整地保存了其城市肌理，是中世纪中亚城市最完整、保存最完备的典型地区；（3）9~16 世纪，布哈拉是近东地区穆斯林神学，特别是苏菲派禁欲主义神学的最大中心，拥有 200 多座清真寺、100 多个伊斯兰学院。目前，关于保护布哈拉古城的法规主要反映在乌兹别克斯坦政府于 2005 年编制的《布哈拉城市总体规划》（*The Master Plan of Bukhara City*）中。此外，2010 年 3 月 23 日，乌兹别克斯坦政府颁布了第 49 号特别法令——《关于布哈拉文化遗产研究、保护、修复与适应现代用途的改造的国家计划（2020）》，为古城保护进一步提供保障。在布哈拉文化遗址的管理方面，目前已经形成了一整套等级化的管理体系。国家层面由乌兹别克斯坦文化与体育部负责，地区层面则由布哈拉地区文化遗

---

[1] 刘珺、郝索、余洁：《丝绸之路经济带文化遗产保护的基础、困境与合作研究》，《西安财经学院学报》2017 年第 2 期。

产遗址保护与利用监察会及地方政府负责。[1]2000年成为世界文化遗产的沙赫里撒布兹市（Shakhrisyabz）历史城区在帖木儿时代还只具雏形。以上三座城市后来在蒙古人的征服时代遭到破坏，之后得到重建。

在2000年入选世界文化遗产的撒马尔罕（Samarkand）古城，是乌兹别克斯坦第四座世界文化遗产古城，联合国教科文组织的评定意见书专门指出了撒马尔罕古城所具有的三大价值：其一，撒马尔罕的建筑和城市风貌体现了伊斯兰文明的伟大创造力；其二，以大清真寺（Bibi Khanum Mosque）和雷吉斯坦广场（Registan Square）为代表的建筑群显示了从地中海到印度次大陆整个区域伊斯兰建筑的强大生命力；其三，撒马尔罕古城以它的文化、建筑和结构展示了从13世纪到今天的中亚文化和政治历史最重要的阶段。[2]这座被称为"世界文明的十字路口"的城市，在漫长的历史中，一直是连接中国、欧洲、印度、伊朗和其他游牧力量等不同文化的重要枢纽，也是早期佛教、伊斯兰教、拜火教、基督教等各大宗教交汇的熔炉。作为帖木儿帝国最重要的政治和文化中心，具有极大的影响力。自18世纪以后，随着中亚政治军事形势的变化和英俄大博弈的深化，撒马尔罕逐渐衰落，其古城开始受到破坏，其中包括近代以来一些防御工事和王宫建筑的消失，以及最近一段时间传统住宅区的破坏。此外，撒马尔罕古城内的一些古代清真寺等宗教遗迹也年久失修。从19世纪开始，相关的文物修复工作逐渐展开，其中包括对撒马尔罕古城及其相关遗址的恢复与重建，而近些年来对于帖木儿陵墓等相关遗迹的保护是一大特例。从某种意义上说，这

---

1 旷薇、邵磊：《丝绸之路商贸城市布哈拉古城保护与利用》，《中国古城》2013年第12期。
2 UNESCO, "Samarkand - Crossroad of Culture," http://whc.unesco.org/en/list/603.

对确立作为独立国家的乌兹别克斯坦自身的历史合法性具有特殊意义。当然，由于乌兹别克斯坦国家发展水平和保护理念的限制，撒马尔罕古城的系统保护与规划尚处于起步阶段，在相关技术手段方面也还有待完善与提升。值得注意的是，在联合国教科文组织的支持和帮助下，撒马尔罕古城的相关保护工作参考了意大利、法国等相关国家的先进经验，后续发展态势较好。在目前情况下，通过国际合作组织与当地专业人员的密切配合，撒马尔罕建立起一整套源自当地并适应当地具体情况的文化遗产保护理论与技术体系。基于独特的历史与现状，撒马尔罕理应成为中亚地区历史文化古城保护的杰出案例。[1]

在非物质文化遗产方面，以哈萨克斯坦为例，在2015年12月2~4日于纳米比亚首都温得和克举行的保护非物质文化遗产政府间委员会第十次会议，将15个项目列入《人类非物质文化遗产代表名录》，其中就包括哈萨克斯坦和吉尔吉斯斯坦共同申报的"阿肯弹唱"（Aitysh/Aitys）即兴诗歌说唱。这是哈萨克斯坦和吉尔吉斯斯坦多民族社会内部的一种流行文化形式和身份标志，在独立后的中亚社会内部认同方面具有重要意义。在2017年12月于韩国济州举行的保护非物质文化遗产政府间委员会第十二次会议上，哈萨克斯坦申报的传统民族游戏"阿斯克"入选非物质文化遗产名录。据哈萨克斯坦文化和体育部的统计，自2011年至今，哈萨克斯坦共有8个项目入选非物质文化遗产名录，其中包括"冬不拉演奏艺术"（2014）、"哈萨克式摔跤"（2016），同吉尔吉斯斯坦联合入选的"毡房建造方法"（2014）、"阿肯弹唱"（2015），2016年多国共同申请的"纳乌鲁兹"（12个国家）、"驯鹰"（18个国家）、"土耳其帕特尔面

---

[1] 钱云、张敏：《撒马尔罕城市历史与古城保护》，《中国名城》2013年第10期。

包"（5个国家）以及"阿斯克"（2017），并计划将"哈萨克驯马春季传统"和"阔尔库特阿塔遗迹"（同土、阿、吉三国联合）申请列入联合国非物质文化遗产名录。此外，乌兹别克斯坦的"博恩逊区的文化空间"则作为中亚国家首批非物质文化遗产代表，于2001年被列入第一批"人类口头和非物质遗产代表作"名录。

  文明在互鉴交往中得到进一步发展，中亚与中国在当代文化遗产领域的交流同样推进了双方彼此间的理解。2014年6月15~25日，在卡塔尔首都多哈举行的第38届世界遗产大会上，中国与吉尔吉斯斯坦、哈萨克斯坦联合提交的"丝绸之路：长安—天山廊道路网"成功入选《世界遗产名录》。这一项目涵盖"丝绸之路"东段，全长5000千米，包括以中国河南洛阳为开端，经新疆天山走廊并延伸至哈萨克斯坦南部沿线的33处遗迹点，其中哈萨克斯坦8处，吉尔吉斯斯坦3处，中国22处。[1]这一联合申遗项目的成功获选，成为中亚与中国在文化遗产领域亲密合作的典范。

  此外，值得注意的是，在中国非物质文化遗产项目走出去的当代实践中，有若干中国非物质文化遗产项目因独特的文化标签而受到中亚各国的广泛关注。2005年11月，中国申报的"中国新疆维吾尔木卡姆艺术"被联合国教科文组织列为第三批非物质文化遗产代表作。"中国新疆维吾尔木卡姆艺术"是流行于新疆维吾尔族聚居区的各种木卡姆的总称，是集歌、舞、乐于一体的大型综合艺术形式，以"十二木卡姆"为代表。这种木卡姆音乐形式除了中国新疆，还广泛分布于中亚等地区。2009年，中国申报的柯尔克孜史诗《玛纳斯》入选非物质文化遗产项目。《玛纳斯》与《格萨尔》、《江

---

[1] 紫苏：《驼铃声声丝绸飘飘——"丝绸之路"成功入选世界文化遗产名录》，《中外文化交流》2014年第7期。

格尔》共同构成中国三大史诗,其演唱异文繁多、篇幅宏大,其中最负盛名的是玛纳斯及其后世共8代英雄的谱系式传奇叙述,共有23.6万行,被称为柯尔克孜人杰出创造和口头传承的"百科全书"。此外,相关社区的传统节庆和民俗活动,构成了《玛纳斯》中亚的文化空间。中亚与中国新疆地区生活着一些拥有共同历史、语言和宗教文化传统的跨界民族,如哈萨克族、吉尔吉斯族(中国国内称为柯尔克孜族)、塔吉克族等,因此,诸如《玛纳斯》之类的非物质文化遗产项目,自然在吉尔吉斯斯坦等中亚国家也产生了重要影响。这是中国非物质文化遗产在中亚地区基于民族、地缘联系而形成影响的重要例证。

随着中国与中亚各国经济文化交流的日益深入,来自中国其他地区的非物质文化遗产也开始受到中亚各国民众和研究者的关注。例如,2010年入选非物质文化遗产名录的"中医针灸",随着中国与中亚各国经济文化交流的推进,以及相互间人员交流的增多,其良好的疗效受到中亚各国民众的广泛欢迎,并成为中亚各国开展对华医学交流的主要推动力。据相关报道,在哈萨克斯坦,中医按摩、中药理疗等被视为健康、环保的治疗方法,不少政府官员和家属经常到中国来理疗治病,甚至邀请中医专家赴哈诊疗。吉尔吉斯斯坦政府非常鼓励设立中医诊所,为此专门设立了相应机构,负责管理中医诊所和中草药、中成药市场。首都比什凯克市拥有数十家个体中医诊所,一些吉国民众甚至专程来华接受中医针灸推拿治疗。此外,一些更侧重艺术性的非物质文化遗产项目也随着国际交往的进一步推进在中亚大地得以呈现。例如,在2017年于哈萨克斯坦首都阿斯塔纳举行的世界博览会上,来自中国多个地方的非物质文化遗产项目在此亮相,江苏的南通扎染、苏州核雕和苏绣三大谱系之一的常州乱针绣位列其中,尤其是核雕艺术家带去了以花卉、人物、核舟等为主题的多件作品。小巧的核舟玲珑剔透，还能打开窗户，让现场的哈萨克斯坦游客大为惊叹。

区域特质

总体而言，由于中亚地区在古代所呈现的欧亚交流枢纽作用、近现代作为俄国－苏联一部分的历史事实，以及当代作为独立国家的独特性，其在文化遗产方面，呈现出一种不同于世界其他地区的独特区域化特质，主要表现在如下几个方面。

其一，中亚各国的文化遗产保护与实践在构筑和维护自身国家认同的方面扮演了更为重要的角色。由于中亚各国真正独立建国的时间较短，而且在之前缺乏基于民族－国家的长期认同，文化遗产方面的保护与实践，不仅是中亚各国政府层面的客观需要，也在某种程度上成为维系中亚各国社会与族群内部历史和现实凝聚力的重要资源。在这一过程中，处理依然在影响着社会民众的、曾经存在过的、如今消失了的苏维埃文化及其遗产，面对苏维埃文化共同体的存在历史，就成为其需要认识和面对的重大问题。正如有研究者所指出的："重大社会变革后，文化共同体发生解体甚至灭亡，会导致许多需求的消失……更多情况是，文化共同体的观念改变，导致了对某种活动的不想、不说、不写，乃至对相关的物不用、不造。而'不造'最直接和客观地反映了需求的终止。"[1]

其二，中亚各国的文化遗产保护与实践更多在于凸显这些新生民族国家内部主体民族的地位和重要性，并通过历史名城和重要

---

[1] 蔡达峰：《物质文化遗产的几个基本特征》，复旦大学文物与博物馆学系、复旦大学文化遗产研究中心编《文化遗产研究集刊》（5），复旦大学出版社，2012，第11页。

遗迹来构筑古代王朝与当代国家之间的历史连续性，从而为各国不同的历史与传统构筑最重要的文化性基础。但值得反思的是，正如1979年通过的《保护具有文化意义地区的宪章》（巴拉宪章）所指出的，"各个时期对该地区所做的贡献均应得到尊重。一个地区如有不同时期的建造物，显示一个时期的建造物而牺牲另一个时期的，唯有在被去除的建筑物所含文化意义甚微，而将被展示的所含文化意义重大得多的情况下方可证明是合理的"，[1]因此，如何更好地处理中亚各国文化遗产中所涉及的古代和近代相关遗迹，如佛教的相关文化遗存，[2]就需要中亚各国政府和学界有更为客观和理性的认知。

其三，由于中亚地区各国独特的历史、文化特征以及与包括中国在内的诸多周边国家的独特地缘关系，跨界因素成为中亚各国文化遗产的重要关键词。这种跨界影响是双向的，一方面，中亚各国的文化遗产尤其是非物质文化遗产对包括中国在内的周边邻国形成巨大影响，在中国西北地区产生尤为强大的文化影响力；另一方面，中国西北地区尤其是新疆的非物质文化遗产也更容易在中亚地区推广和形成影响力。中亚各国文化遗产的这种"跨界性"因素，超越了我们在文化遗产领域一般意义上的东西方之分，在当下"一带一路"倡议的大背景下，为我们提供了新的思考空间与认知挑战。

---

1 《保护具有文化意义地区的宪章》（巴拉宪章），《中国石窟遗址管理培训班国际文化遗址管理参考资料》，1992，第185页。

2 Sunita Dwivedi, "Cultural Heritage of South and Central Asia," *Himalayan and Central Asian Studies*, Vol. 21, No.1, 2017.

附录二　固化与流动：中亚民族学与人类学研究的背景、演变与范式转型

中亚的位置与独特性

区域即分类。自从世界上各大洲及其内部区域名称成为日常生活的一种常识，其在历史与学科的框架中就已经被标定了位置。了解这种位置的生成历史，将有助于我们理解包括中亚在内的各区域在整个世界结构中的独特性，以及这些区域在学术与知识体系中曾经和将来可能扮演的角色。

在黑格尔的笔下，亚洲被视作一个与欧洲相对应的代表历史上升阶段的区域："亚洲构成历史的上升。每一块陆地对另一块陆地都是东方，然而亚洲自身就是东方大陆，同时欧洲却部分地是世界史的中心，部分地是世界史的终点……在亚洲这

里，主要的对立面是一个高原与宽广无垠的大平原。这两个地区是必然的，也是构成人们的完全对立的素质和对立的行为的一个起源（和）基础。在这里，独特的东西是山区居民与峡谷地带居民的实质性的交互作用，山区居民在自身有好动的特点，峡谷地带居民则有其扎根本土的习性，（他们）都不像（在）埃及那样离群索居。恰恰这些相互完全独立的素质的关系独具特色。"[1] 结合他本人对欧洲作为中心的定位，亚洲及其次区域就构成了在某种程度上服从于其世界历史哲学框架的必要分类与阶段特质：欧洲是世界史的中心和终点，而亚洲则是世界史的上升阶段；在这一上升阶段，中亚与东亚在某种程度上构成了一种新的二元分类，塑造了我们当下的一些刻板印象。从内在逻辑角度而言，东方学的实践也正生成于此。

1. 近代及其转型

当代由哈萨克斯坦、乌兹别克斯坦、吉尔吉斯斯坦、土库曼斯坦和塔吉克斯坦所构成的中亚，位于欧亚大陆中部，在历史上是连接欧亚大陆东西两端文明的举世闻名的丝绸之路的重要经过区域，长期以来，这一区域在欧亚文明互动中扮演了关键角色，影响着欧亚东西方对彼此的认知。

但是，中亚地位的转变与世界的近代相比，要早上两百年，其影响至为深远。进入近代，随着欧亚地缘政治的变迁，这一区域本身经历了重新定义的过程，在俄国-苏联的内部分工体系中扮演了较为独特的角色。在19世纪六七十年代俄国渐次征服中亚之前，

---

[1] 〔德〕黑格尔：《世界史哲学讲演录（1822~1823）》，刘立群等译，《黑格尔全集》第27卷第1分册，商务印书馆，2014，第95~97页。

中亚北部的哈萨克草原与南部的费尔干纳地区构成了这一区域的两大基本生态类型。其中，位于南部的费尔干纳地区作为浩罕汗国的一部分，其内部并不存在严格的行政区划，当地民众主要以农耕为生，其身份认同主要建基于日常生活的分类，如社会等级地位、宗教信仰类型、经济文化样态以及所在生活地域、血缘关系、氏族-部落等，族类的区分在这一时期并不是很明显。[1] 这一状况出现显著变化，要等到20世纪二三十年代苏联在中亚进行民族识别与加盟共和国划界之时。

2. 两段历史、两种"域外"与海陆传统

西方殖民时代的到来在一般意义上代表着世界近代史的展开，但如果我们对当时的陆海格局进行细致观察的话，就会发现，在这一所谓的世界近代史开端期，在知识获取与生成方面实际上存在两段并行发生的历史：对海洋与欧亚外部区域的人类学考察以及对近东、中东和中亚区域的东方学考察。这两段并行发生的学术史既塑造了当时两类区域的知识特质，又在之后直至当代的学术版图中，打上了基于地缘与区域的独特烙印。

与此同时，随着近代西方力量的崛起，海洋通道取代陆地通道成为世界物质交流的主要方式，欧亚地缘态势也发生了巨大变迁。在这过程中形成了知识领域的两种"域外"空间，即所谓殖民区域的"域外"和作为陆权帝国内部边缘区域的"域外"。近代中亚在某种程度上恰恰成为这两种"域外"的交集。一方面，这一区域是英属印度的"域外"；另一方面，随着俄国这一陆权帝国的东进和

---

[1] 袁剑：《国家感与边疆性：中亚国家间的边界问题及其观念折射》，《北方民族大学学报》2019年第3期。

南下，这一区域开始成为逐步扩大的帝国边缘区域的"域外"。作为英俄大博弈的结果，俄国空间下的中亚这种"域外"状态最终消失，成为俄国版图空间的组成部分。因此可以说，中亚的这两种"域外"状态的重叠，为这一时期该区域的研究涂抹上了多样的色彩，英式传统与俄式知识与学科框架在此重叠碰撞，并经由海权与陆权、海洋秩序和大陆秩序的竞争，最终在20世纪90年代将一个有待我们重新理解与认知的新中亚带入当代世界与当代秩序中。

3. 新中亚的出现：苏联解体、全球化与"一带一路"

随着20世纪90年代初苏联的解体以及全球化潮流的到来，新的中亚空间正在逐渐形成。这种空间已经不限于之前苏联一部分的整体设定，而呈现出新的结构。在这种新结构中，中亚不再是古老丝绸之路关联区域的简单复归，也不再是既有帝国殖民框架下的传统再造，而是一种基于对区域、文明与历史连续体统一性认知与实践的新方向的探索，解释与重构历时性的政治、宗教与思想资源成为中亚各国在独立后不约而同的行动逻辑。[1] 在这种大背景下，以中亚各民族国家为单位的认知与知识实践，作为一种基本的研究路径，将持续相当一段时间，直到中亚各国本身与域外各国知识界重新确立起对这一区域及内部各国的稳定认知框架为止。

全球化作为当代世界的一种基本关系与趋势，不仅驱动了中亚的历史记忆，而且进一步激发了中亚各国的未来可能。中国"一带一路"倡议的提出，不仅将历史性地激活欧亚之间曾经的丝路纽带，还将确立起基于我们自身的对内地－边疆－周边的整体性认知

---

[1] 袁剑:《区域、文明，还是历史连续体？——中国的中亚叙述及其话语分类》,《西北民族研究》2019年第1期。

框架，从而经由理解欧亚中心区域的历史与社会状况，形成中国的新边疆观、新世界观与新全球观。

学科格局及其内在变迁

中亚在人类的认知空间中并不是空缺的，但在记述空间中存在阶段性的疏密状态。在前近代时期，关于中亚地区社会与人群的相关记述，主要来自外界到此的旅行者。这种旅行的副产品在某种程度上形成了我们对当地社会与文化状态的基本认知图景："旅行，尤其是穿越文化或政治边疆的旅行，总是令人激动……旅行也揭示了社会的方方面面。它不仅牵涉运输系统，还有政治组织结构和贸易方式，甚至宗教信仰。旅行者本身的动机就是他们所处时代的一面镜子。还有更为直接的，旅行者的游记有时就是我们了解过去某个社会，比如在中亚广阔地域中生活的游牧民族的唯一途径。"[1] 这种前近代的知识记述，因其对区域叙述的不平衡状态，构成了我们在中亚历史认知方面存在的错位、遗漏、重复和缺失，但即便如此，这些记述本身还是为我们提供了关于这一区域社会与生态变迁的古典资源。

例如，在作为中国历代正史开篇的《史记》中，司马迁记述了西域三十六国的情况，其中就涉及当代中亚地区的社会历史。随着这一叙述框架的确立，中国对中亚域外知识的记述逐渐形成传统，并得以延续。唐代玄奘所撰的《大唐西域记》就记述了位于如今中亚地区的素叶水城（位于今吉尔吉斯斯坦托克马克城附近）至

---

[1] 〔美〕斯蒂芬·S. 戈斯、彼得·N. 斯特恩斯：《世界历史上的前近代旅行》，苏圣捷译，商务印书馆，2015，第2页。

羯霜那国（位于今吉尔吉斯斯坦撒马尔罕附近）等诸城邦的相关情况，其中有些记载涉及当地的社会与人文状况："自素叶水城至羯霜那国，地名窣利，人亦谓焉。文字语言，即随称矣。字源简略，本二十余言，转而相生，其流浸广。粗有书记，竖读其文，递相传授，师资无替。服毡褐，衣皮氀，裳服褊急，齐发露顶，或总剪剃，缯彩络额。形容伟大，志性恇怯。风俗浇讹，多行诡诈，大抵贪求，父子计利，财多为贵，良贱无差。虽富巨万，服食粗弊，力田逐利者杂半矣。"[1] 其认知和理解中亚区域进而构筑古代中国的周边与世界观的内在驱动，为我们积累起了足够丰富的关于中亚的域外民族志信息与资料。[2]

在 19 世纪，在认知中亚及其周边空间方面，欧洲的东方学传统是一种具有垄断性的知识框架，在法国、英国、德国和俄国等欧洲殖民帝国，有一批东方学家专门关注中亚议题，并形成了世界性影响。也正是在这一时期，出现了由各国各类人物所进行的令人眼花缭乱的中亚探险之旅，其目的纷繁各异，其中既有学术研究的，也有获取军事情报的。但不管怎样，正如中亚史研究的前辈丁笃本所指出的，进入近代，中亚的探险活动在某种程度上兼具科学调查的客观效果："其一，探险活动从一般的观察描述为主转向以严密细致的科学考察为主，特别是对中亚独特而复杂的自然地理环境的考察取得了空前丰硕的成果。其二，运用近代科学方法考察研究中亚深厚的历史遗产和丰富的人文景观，18~19 世纪欧洲和俄国兴起的东方学就与中亚的探险有着密不可分的联系。"[3] 对俄国来说，18~19 世纪是其考察活动的丰收期，在这一过程中，1714 年彼得大帝入类

---

1 玄奘著，董志翘译注《大唐西域记》，中华书局，2012，第 44 页。
2 王文光、曾亮：《中国正史中的古代海外民族史志研究》，《广西民族大学学报》2015 年第 5 期。
3 丁笃本：《中亚探险史》，新疆人民出版社，2009，前言，第 5 页。

学与民族学博物馆的建立是一个重要开端,随后出现了一批中亚研究成果,其中具有代表性的如1819~1820年穆拉维耶夫在里海东岸地区和希瓦汗国的考察、1820年列夫申在哈萨克草原的考察。1845年,俄国地理学会民族学部创立,这开启了俄国民族学的新篇章,在随后的数十年里,它主导了一系列重要的田野调查,其中包括由Н.В.哈内科夫与Я.В.哈内科夫等率领进行的中亚调查,以及由拉德洛夫进行的对阿尔泰萨彦高原、西南西伯利亚和中亚的田野调查。到了19世纪70~90年代,"进化学派"代替原先的"神话学派",开始在俄国民族学中占据主流地位。

到了19世纪后期,随着英俄大博弈的展开,中亚地区进入了帝国争夺的中心舞台,随后,以阿富汗的中立化为基础,英俄之间实现利益妥协,中亚在地域上基本被纳入俄国版图,进而俄国在基于文明等级的世界地理观念上重构了中亚的历史与叙述空间。[1] 以此为基础,俄国对于中亚的外域化的东方学研究开始转变为国内研究。在这一时期,以1863年俄国博物学、人类学和民族学爱好者协会成立为标志,俄国民族学逐步形成了与人类学、考古学以及历史主义相结合的特色,而Н.М.普尔热瓦尔斯基、Г.Н.波塔宁、В.В.彼夫佐夫、П.К.科兹洛夫等人关于中亚的探险游记作品进一步促进了俄国知识界和公众对中亚内部生活着的各群体的认知。进入20世纪,随着俄国十月革命的爆发和新的联盟国家的建立,苏联民族学作为一种具有合法性和垄断性的学科类型与研究路径,"在成立多民族的苏维埃国家的年代里就已决定了苏联民族学的特点:民族学和社会主义建设实践相结合,和根本改造苏联各族文化和生活任务

---

[1] 黄达远:《从鞑靼利亚到亚洲俄罗斯与中亚:17~20世纪初的东方主义、地理考察与空间建构》,《青海民族研究》2019年第3期。

相结合"。[1] 从学科源流而言，它是从地理学中发展出来的，是一门研究民族的起源、区别一个民族与另一个民族形成特点的科学，被认为是历史科学的一部分。以列宁格勒大学（今圣彼得堡大学）为例，其最早被放在地理系，之后又转到东方学系，从1950年起改设到历史系，研究的主要内容包括民族起源与历史民族、各民族的物质文明和精神文明、家庭问题。[2] "这些问题（民族学资料对解决这些问题占有重要地位）在苏联科学界是吸取相邻学科（考古学、人类学、语文学）的资料来进行综合的研究的。"[3] 随着20世纪二三十年代苏联在中亚进行的民族识别和加盟共和国划界，中亚地区也成为苏联民族学研究最大的田野对象和最重要的"资源库"。苏联科学院民族学研究所设有专门研究中亚民族的部门，在1962~1963年由苏联科学院民族学研究所中亚部和中亚各加盟共和国科学院民族学家共同编著的《中亚与哈萨克斯坦各民族》（两册）中，对位于如今中亚范围内的五个加盟共和国的多民族居民及其生活状况进行了概括性的研究。此外，还有诸如 С.П.波尔科夫的《中亚与哈萨克斯坦的历史民族学》（莫斯科，1980），苏联科学院民族学研究所编著的《中亚与哈萨克斯坦民族集团的民族过程》（塔什干，1987）、《19世纪至20世纪初中亚与哈萨克斯坦民族的遗产继承》，等等。苏联科学院民族学研究所还定期出版年刊《中亚民族学文集》，这一刊物的出版工作在苏联解体之后依然在继续进行。[4]

值得注意的是，在这一时期，由于东西方冷战的外部环境，除

---

[1] 〔苏〕列文:《什么是民族学》，罗致平译，《民族问题译丛》1958年第8期。
[2] 〔苏〕P.伊茨:《关于苏联的民族学》，阮西湖、穆立立译，《世界民族研究》1987年第3期。
[3] 〔苏〕列文:《什么是民族学》，《民族问题译丛》1958年第8期。
[4] 张娜:《中亚现代民族过程研究》，中央民族大学出版社，2008，第13~14页。

了作为同一阵营成员的民主德国等国学者之外，其他国家的学者无法进入这一区域进行研究工作。当然，在中苏关系融洽的时期，中国学者也曾有机会与苏联同行一起在中亚进行相关研究："苏联古人类学家与其中国同行进行的最重要的合作项目是中苏古生物考察。这个项目是计划用更先进的理论和方法重新完成中亚考察团在20年代所进行的工作。新考察工作的前半部分是1959年在中国境内进行的，主要在内蒙古、新疆、宁夏、甘肃和青海等省区，而后半部分即苏联境内的考察工作则一直没能完成。"[1]

1991年底，随着苏联解体和中亚五国的独立，传统的苏联民族学范式虽然在一定程度上依然在新独立的中亚国家中存在，但由于联盟国家的瓦解，涵盖原先中亚各加盟共和国的民族学知识框架不再具有垄断地位，中亚各国开始恢复其自身的历史学、东方学学术资源，并不同程度地在大学和其他科研机构引入欧美的人类学研究框架。以此为基础，新的中亚人类学话语正在逐步形成。

从整体状况而言，在中亚人类学研究方面，我们可以认为，19~21世纪，其学科演变脉络呈现出东方学—民族学—人类学（与传统苏式民族学并存）的总体特征。在研究的主客位方面，以俄国为例，也存在着一个内在的阶段性转变：在俄国吞并中亚之前，中亚研究是一种域外研究；随着俄国逐步控制中亚以及后来苏联的成立，中亚民族学研究本身成为苏联国内研究的一部分；到了苏联解体、中亚五国独立之后，原本作为国内研究的中亚研究又重新转变为俄罗斯的域外研究，与此同时，中亚各国内部对于中亚的研究也在逐步兴起。随着中亚认知面相的多样化，中亚人类学的研究也呈现多元发展态势。

---

[1] 〔美〕顾定国：《中国人类学逸史》，胡鸿保译，社会科学文献出版社，2000，第154页。

20世纪90年代以来中亚人类学研究概览

在苏联解体、中亚五国独立初期,西方学者短期内存在着将中亚人类学加以概念化的倾向,即忽略中亚区域本身的独特地理与生态特质,而将其他区域人类学的命题贴附到中亚议题之上。[1] 这种情况的出现,与西方人类学者长期无法进入中亚进行田野研究以及苏联解体之初西方人类学急于填补这一话语空间有关,在内在逻辑方面带有某种"殖民性"的色彩。

在这一过程中,实际上存在着一个将中亚确立为"区域研究"对象的过程,而为了达成这一目标,需要满足一些特定的条件。对此,正如戴维·L.桑顿(David L. Szanton)所指出的:"'区域研究'最好被理解为一种拥有共同承诺的学术领域与活动群集的一个涵盖性术语:(1)高强度的语言学习;(2)用当地语言深入实地调查;(3)对当地历史、档案、材料以及阐释的密切关注;(4)用细致观察来检验、制定、批判或发展基础理论;以及(5)经常超越社会科学和人文科学的边界进行多学科交流。"[2] 他并进一步指出,在进行上述这些准备的过程中,还需要考虑如下一些具体的因素:(1)研究者所在国家与那些问题缠身的国家之间不断变化的政治关系;(2)公共与私人资助方不断改变的兴趣;(3)在各个研究领域的学术学科以及学术方面的个人与政治承诺;(4)在所研究国家或地区内部的学者的不断变动的关系、争论与合作;(5)研究领域

---

[1] Liu, M., "Central Asia in the post - Cold War world," *Annual Review of Anthropology*, Vol. 40, 2011, pp. 115-131.

[2] 〔美〕戴维·L.桑顿:《美国区域研究的起源、性质与挑战》,袁剑译,刘新成主编《文明研究·第一辑:多元文明与区域变迁》,浙江大学出版社,2014,第102页。

的成熟度（也就是说，这是在研究者所在国家新建立起来的，还是建立在这一地区的文化之上的，抑或是被欧洲殖民学者所确立起来的）；（6）学习这一地区语言方面的难度；（7）这一区域内部的戏剧性事件或冲突（革命、战争、叛乱）；（8）从那个地区移居到研究者所在国家的民众的知识与政治诉求；（9）进入田野、获得档案或进行合作研究的难易程度。[1] 他在此所强调的研究区域的成熟度，在很大程度上决定了中亚研究在人类学层面上展开时无法回避的内容。

随着中亚田野空间的对外开放以及相关研究的日渐展开，西方学界逐步脱离了对中亚区域的本质化认知，开始对上述倾向进行反思，将中亚作为一个更为一般意义上的民族志地区，而抛弃了传统东方学视野下对这一地区的异域想象，但这些研究依然主要通过揭示这一地区多元性和流动性的路径展开。[2] 在20世纪90年代的诸多研究作品中，以中亚国家为研究对象的内容占据了相当大的比例，这表明西方学界尤其是英文学术世界对中亚区域的研究处在一个"重新出发"的阶段。

在这个过程中，如下几方面的动向值得关注。其一，中亚虽然被纳入人类学的认知区域中，但在分析中往往被用来被动适应在其他地区发展出来的理论，其本土原生概念生成不足，这与人类学的东南亚研究概念与范式频出形成鲜明的对比。此外，人类学的中亚研究无法离开既有的历史学和东方学、民族学研究成果和相关概念，要推进相关研究，就必须认知和承认历史学与东方学、民族学等学科在历时性和区域性层面所取得的成就，而不可能形成一种完

---

[1]〔美〕戴维·L.桑顿：《美国区域研究的起源、性质与挑战》，刘新成主编《文明研究·第一辑：多元文明与区域变迁》，第113页。

[2] Marsden, M., "Southwest and Central Asia: Comparison, Integration or Beyond," in Fardon, R. (ed.), *The Sage Handbook of Social Anthropology*, Los Angeles: Sage, 2013.

全另起炉灶的所谓"纯粹"的中亚人类学框架。其二，中亚各国在20世纪90年代初的陆续独立，其时间上的较为晚近使得对民族国家建构及其相关仪式的研究，在相当长的时间内依然是以国家为基本对象的中亚人类学研究的重要议题，而后续研究能否持续推进也与研究者所在国家与中亚各国的关系以及中亚国家相关学术资源的支持力度息息相关。其三，苏联解体后，中亚在全球化和世界体系中被重新定位，形成了新的移民等流动性现象，这些现象的出现与中亚各国民族国家建构策略、主体民族政策等都存在密切的联系，同时涉及全球化语境下的劳动力流动等问题，这些都挑战了人类学既有的关于大规模人口流动的主流表述，构成了大规模人口流动中独特的中亚类型。其四，由于历史原因，尤其是苏联时代的加盟共和国划界，这一区域内的新生民族国家往往存在独特的跨界民族现象，而一些跨界民族本身又是周邻国家的主体民族，这对既有的区域人类学叙述的内在逻辑一致性问题提出了挑战。其五，鉴于中亚各国新历史的书写需要，中亚区域的历史记忆与现实国家的形象建构存在着长期的冲突与张力，这些都从新的层面凸显中亚问题本身的政治性特质，并在以特定国家为对象的相关研究中鲜明地表现出来。[1]

以下将结合中亚各国近期人类学研究的相关状况，对以中亚诸国为对象的人类学研究的关注重点以及相关趋向进行初步分析与梳理。

（1）哈萨克斯坦。在中亚各国中，哈萨克斯坦因其国土面积的

---

[1] Kandiyoti, D., "Post‐Colonialism Compared: Potentials and Limitations in the Middle East and Central Asia," *International Journal of Middle East Studies*, No. 34, 2002, pp. 279‐297; Kandiyoti, D., "How Far Do Analyses of Postsocialism Travel? The Case of Central Asia," in Hann, C.M. (ed.), *Postsocialism, Ideals, Ideologies and Practices in Eurasia*, Routledge, London, 2002. pp. 238‐257.

附录二　固化与流动

优势及其在当代中亚政治和经济领域的领导性地位，代表了这一区域独特的地理、地缘政治、文化和历史实体的现状。[1] 概括来说，有关哈萨克斯坦的人类学研究主要集中在如下几个方面。其一，民族与族类群体问题。有研究者指出，由于历史和现实的原因，哈萨克斯坦内部的民族构成十分复杂，需要从比较其古代史与周邻国家的历史出发，对哈萨克国家的历史形成从语言和人类学的角度进行系统分析，从而揭示历史与文化传统在哈萨克国家建构和民族形成中的重要意义。[2] 其二，城市与社会转型问题。对哈萨克斯坦是如何经历20世纪90年代初期的社会转型的，有研究者曾对一座工业城镇在这一时期所经历的破产历程进行了系统的民族志研究，为我们提供了具有启发性的个案。[3] 我们注意到，由于后苏联时代的社会转型依然没有完成，哈萨克斯坦的城市与社会转型问题将是学术界后续研究的重要议题。其三，边缘群体的认同问题。这既是中亚国家的普遍现象，也与单个中亚国家的具体国情息息相关。以哈萨克斯坦为例，有研究者指出，除了在哈萨克斯坦的边缘性民族群体，如俄罗斯族等，还有位于哈萨克斯坦邻国如蒙古国境内的哈萨克人问题。这一问题在苏联时代由莫斯科来处理，但随着哈萨克斯坦的独立，该问题转变为哈萨克斯坦与蒙古国之间的双边问题。这些哈萨克人如何认识和面对蒙古国、哈萨克斯坦，既涉及他们的认同问

---

[1] Gulmira Sultangalieva, Paul W. Werth, "The Place of Kazakhstan in the Study of Central Asia," *Kritika: Explorations in Russian and Eurasian History*,Vol. 16，No. 2，2015 (New Series), pp. 345-358.

[2] Amanzhol Kalysh, Aliya Isayeva, "Ethnogenesis and Ethnic Processes in Modern Kazakhstan," *Procedia - Social and Behavioral Sciences*, Vol. 131, 2014, pp. 271-277.

[3] Gulmira Sultangalieva, Paul W. Werth, "The Place of Kazakhstan in the Study of Central Asia," *Kritika: Explorations in Russian and Eurasian History*, Vol. 16，No.2，2015 (New Series), pp. 345-358.

题，也涉及国家间的关系问题。[1]

（2）乌兹别克斯坦。乌兹别克斯坦是中亚的一个双重内陆国，也是中亚人口最多的国家。长期以来，由于乌兹别克斯坦所在的费尔干纳地区一直是中亚人口聚居的中心区域，当地社群的研究长期以来都是热点问题；此外，宗教复兴问题以及社会记忆问题也成为国外学者关注的议题。[2] 概而言之，有关乌兹别克斯坦的人类学研究主要集中在如下几个方面。其一，国家建构问题。如何建设一个新的民族国家，这是乌兹别克斯坦独立后必须首先面临的问题，而如何面对既有的机构和组织遗产，也成为其中重要的一环。有研究者指出，自苏联解体以来，中亚独立的新国家被迫调整其机构，以适应新的象征性边界以及1991年以来的独立性。吉尔吉斯斯坦原先的大学和科学院均被要求重新考虑其研究政策并加以调整，以应对新出现的问题。建立国家叙事是中亚各国学术研究的重要目的。1991年以来乌兹别克斯坦发生的变化，需要相关机构和知识分子将当代研究与历史需求连接起来，对古代历史的偏爱、对人民的独创性和悠久传统的赞美以及对民族起源的痴迷，都源于苏联政权的当代叙事。在新的语境下，乌兹别克斯坦需要以更细微的方式重新审视过去的二十年，并重新解读苏联时期的历史，从而更好地认知建立民族国家的进程。自从乌兹别克斯坦成为苏联加盟共和国以来，这个进程已经进行了大半个世纪，并将继续下去。[3] 其二，关于社会记忆的研究。尽管苏联解体，中亚各国独立，当代乌兹别克斯坦民众依

1　Diener, A., *One Homeland or Two? The Nationalization and Transnationalization of Mongolia's Kazakhs*, Washington, D. C.: Woodrow Wilson Center Press, 2009.

2　Finke, P., *Ariations on Uzbek Identity: Concepts, Constraints and Local Configurations*, Berghahn Books, 2006.

3　Marlène Laruelle, "National Narrative, Ethnology, and Academia in Post-Soviet Uzbekistan," *Journal of Eurasian Studies*, Vol. 1, No.2, 2010, pp. 102–110.

然保留着对苏联的浓厚记忆,认识、记录和分析这些社会记忆,是研究苏联与后苏联时代的乌兹别克斯坦社会的切入点。有研究者对当代乌兹别克斯坦普通公民对苏联时期玛哈拉社区的记忆进行了系统的梳理与分析,并指出,社区在历史上代表了乌兹别克斯坦仅有的几种有效的传统结构之一,这些结构可以通过基于对共同的居住身份的塑造来团结各个民族和宗教团体的代表。但是,在这些社区的历史中,当局经常试图操纵这些机构以增强国家的合法性,这种操纵方式挑战了居民对社区依恋的本质,并质疑了玛哈拉结构的权威性和合法性。[1] 此外,乌兹别克斯坦的性别[2]、宗教和社会转型问题,也是研究者关注的重要方面。[3]

(3)吉尔吉斯斯坦。吉尔吉斯斯坦在历史上是东西文明交流的重要通道,随着20世纪90年代以来国家的独立与发展,其历史上的繁荣局面与现实中的改革和转型在某种意义上形塑了吉尔吉斯斯坦多重与复杂的当代形象。[4] 因此,关于当代社会转型问题以及历史问题的研究,是吉尔吉斯斯坦人类学研究的重要方面。概言之,有关吉尔吉斯斯坦的人类学研究主要集中在如下几个方面。其一,社会经济与发展问题。吉尔吉斯斯坦的社会发展既涉及国家政策,又与其国内的民族关系息息相关。有研究者指出,吉尔吉斯斯坦国内民族之间的经济差异有时被认为是导致其内部冲突的主要原因。因此,了解这种差异的程度及其内在根源对于帮助制定旨在避免进一

---

1 Timur Dadabaev, "Community Life, Memory and a Changing Nature of Mahalla Identity in Uzbekistan," *Journal of Eurasian Studies*, Vol. 4, No.2, 2013, pp. 181–196.

2 Kandiyoti, K., Azimova, N., "The Communal and the Sacred: Women's Worlds of Ritual in Uzbekistan," *Journal of the Royal Anthropological Institute*, Vol. 10, No.2, 2004, pp. 327–349.

3 Fathi, H., "Gender, Islam, and Social Change in Uzbekistan," *Nationalities Papers*, Vol. 25, No. 3, 2006, pp. 303–317.

4 袁剑、刘玺鸿:《近代中国视野中的乌兹别克斯坦:背景、认知与演变》,《南京政治学院学报》2017年第4期。

步冲突的政策至关重要。研究者通过使用2005年的家庭调查数据，分析了最近发生冲突的吉尔吉斯斯坦南部的吉尔吉斯族和乌兹别克族之间的经济差距之后发现，与公众的看法相反，城市地区的吉尔吉斯族家庭的支出略高于乌兹别克族家庭，而农村地区的吉尔吉斯族家庭支出水平与乌兹别克族家庭大致相当。城市地区差距的出现主要在于吉尔吉斯族的家庭较小和受教育程度较高。此外，就住房财产的价值而言，乌兹别克族家庭比吉尔吉斯族家庭要高。研究者最终指出，其房价的差异可以用乌兹别克族人拥有较大房屋来加以解释，这些房屋是较大家庭的住所，也是经营小企业的基础。[1] 其二，历史认同与民族主义问题。有研究者指出，在吉尔吉斯斯坦，民族主义结合了对名义上的族裔及基于国家身份的公民认同、公民主权受到削弱的感觉以及在选举中不断崛起的政治势力的相关叙述。因此，民族主义已成为关于吉尔吉斯斯坦治理失效的解释框架中的一种内在动力。这一研究首先分析了阿卡耶夫政权的双重身份叙事——公民和民族，然后叙述了政权在巴基耶夫领导下向以民族为中心的吉尔吉斯爱国主义的转变。奥什事件表明民族主义在当代吉尔吉斯斯坦政治中成为影响政治议程和公众认同的关键要素。[2] 其三，自然资源的利用与开发问题。有研究者认为，与中亚其他国家相比，吉尔吉斯斯坦的水资源较为丰富，其主要来自融雪以及山顶冰川，这些水具有重要的政治意义，同时被视为有治病的神力。但是，当吉尔吉斯斯坦决定利用这些水资源开发水电站时，便与下游水资源匮乏的乌兹别克斯坦产生了冲突，双方试图通过交换天然气

---

[1] Damir Esenaliev, Susan Steiner, "Ethnicity and the Distribution of Welfare: Evidence from Southern Kyrgyzstan," *Journal of Comparative Economics*, Vol. 42, No. 4, 2014, pp. 970-982.

[2] Marlène Laruelle, "The Paradigm of Nationalism in Kyrgyzstan: Evolving Narrative, the Sovereignty Issue, and Political Agenda," *Communist and Post-Communist Studies*, Vol. 45, No. 1-2, 2012, pp. 39-49.

的方式加以协商。在为能源进行协商的同时，水也具有自己的能量。当地的玛扎斯人常常到瀑布或泉眼边取水，以期治愈身体疾病。在苏联时期，这些具有治疗效果的泉水被开发为疗养温泉，而在现代吉尔吉斯斯坦，同样有类似的举动。[1] 此外，其他自然资源的相关政策及其在地化执行问题也成为学者关注的对象。[2]

（4）土库曼斯坦。作为中亚最为封闭且油气资源相对富裕的国家，土库曼斯坦形成了自己独特的国家认同与治理模式。概而言之，有关土库曼斯坦的人类学研究主要集中在如下几个方面。其一，国家与区域治理问题。有学者对土库曼斯坦游牧生活方式的未来走向进行了基于田野调查的比较研究。[3] 其二，语言与认同问题。有研究者对包括土库曼斯坦在内的苏联中亚国家的语言政策进行了独特而有深度的分析。作者将这些政策与国家建设、语言规划和多语言使用等问题联系起来，并揭示了在苏联时代和苏联解体之后土库曼斯坦语言政策中所呈现出来的关于国家认同与意识的不同面相。[4]

（5）塔吉克斯坦。塔吉克斯坦是中亚五国中最贫弱的国家，也是苏联解体后长期饱受内乱困扰的国家，对于该国社会重建以及国家建构的相关研究，是塔吉克斯坦人类学研究中的重点内容。简而言之，有关塔吉克斯坦的人类学研究主要集中在如下几个方面。其

---

[1] Stephanie Bunn, "Water as a Vital Substance in Post - Socialist Kyrgyzstan," *World Views Environment Culture Religion*, Vol.17, No.2, 2013, pp. 125-137.

[2] Farhod Yuldashev, Bahadir Sahin, "The political Economy of Mineral Resource Use: The Case of Kyrgyzstan," *Resources Policy*, Vol.49, 2016, pp. 266-272.

[3] Kerven, C., *Prospects for Pastoralism in Kazakhstan and Turkmenistan: From State Farms to Private Flocks*, Routledge, London, 2003.

[4] Landan, Jacob M., kellner - Heinkele, Barbara, *Politics of Language in the Ex-Soviet Muslim States: Azerbaijan, Uzbekistan, Kazakhstan, Kyrgyzstan, Turkmenistan, and Tajikistan*, London: Hurst and Company, 2001.

一，社会转型问题。有研究者对塔吉克斯坦农村地区的女性化现象进行了专门的研究，分析了影响塔吉克斯坦农业劳动力的经济和社会转型因素，注意到塔吉克斯坦农村地区存在的女性化现象，并指出，土地改革、季节性的男性劳动力外流以及随之而来的妇女劳动参与度的增加，促进了性别职业隔离状况的改变。作者通过深入的访谈和焦点小组讨论，进行了以案例为基础的定性分析，并提供了诸多先前未观察到的重要数据。相关的结果表明，由于男性劳动力的外流，现有的地方权力体系和男性主导关系正受到挑战，剩余劳动力逐渐女性化。虽然妇女从事的工作仍然较为低下，但对劳动力需求的增加为扩大劳动机会提供了契机，这提高了妇女在初级农业生产以及服务供应部门中的作用，并赋予了她们对自己生活的一定程度的控制权。[1]其二，国家建构问题。塔吉克斯坦是中亚五国中唯一一个陷入长期内战的国家，这与苏联时代的历史遗产有着密切的关联。有研究者对苏联时代在中亚国家领土方面的相关政策进行了研究，并分析了这些领土变动给塔吉克斯坦造成的深远影响。[2]

总体而言，在中亚人类学的当代研究中，在国家的层面，哈萨克斯坦和乌兹别克斯坦分别在领土与人口上有突出优势，因此以关于这两国的研究为多，关于吉尔吉斯斯坦与土库曼斯坦的研究次之，关于塔吉克斯坦的研究最少。在研究的议题方面，国家认同、族群政治与宗教等相关议题依然占据主流位置，水资源、环境与生态、社区治理、性别议题也逐渐受到关注。[3]在中国学者的相关研究

---

1 Mukhamedova, Nozilakhon, Wegerich, Kai, "The Feminization of Agriculture in Post - Soviet Tajikistan," *Journal of Rural Studie*, Vol. 57, 2018, pp. 128-139.
2 Ubaidulloev, Zubaidullo, "The Russian - Soviet Legacies in Reshaping the National Territories in Central Asia: A Catastrophic Case of Tajikistan," *Journal of Eurasian Studies*, Vol. 6, No. 1, 2015, pp. 79-87.
3 〔英〕凯瑟琳·亚历山大:《中亚人类学概述》，袁剑、刘润蛟译，《亚非研究》2018年第2期。

中，对诸如"东干人"等中亚内部少数民族议题的研究已经形成一定的规模与传统，新的研究领域与对象也正在逐步拓展。[1] 由于中国有与中亚接壤的便利条件，加之研究力量和规模占据优势，如果高校与相关研究机构能持续性地给予相关的支持，中国的中亚人类学研究必将为我们提供新的知识生产空间，也将为我们填补一片巨大而重要的世界视野缺漏，并可能为世界人类学提供新的概念、框架与范式。

结语：古典传统、学科互惠与中国立场

认知周边是中国认知自我与世界的一个必由路径。中亚与中国西北紧密相连，而中国西北方向的认知在历史上存在一个被称为"西域"的整体框架，且"中亚"概念本身也存在区域上的弹性，因此，基于中国学术本位出发的对中亚区域的认知也必然会受到中国内部自身认知框架的影响，这种"内外交织"的连带性特征构成了我们认知和理解中亚议题的关系基础。此外，中亚与中国的这种历史连带性关系，与其他以中国周边区域为对象的民族学与人类学研究形成了巨大的差异，具有一种与理解中国历史变迁主轴息息相关的所谓"夫作事者必于东南，收功实者常于西北"这一"司马迁定律"相对应的历史与哲学维度。这一维度，为我们后续理解和认知中亚民族学与人类学研究提供了新的背景。

基于对中亚历时性发展的认知，如果仅仅从当代民族学与人类学的分析框架出发，则始终存在着某种"断裂"，很难形成一种关于

---

1 李如东：《身份变换与权威再造：苏联解体后中亚东干人精英的社会组织化过程》，《世界民族》2018 年第 4 期。

中亚地区民族学与人类学发展历程的整体认知图景。造成这一状况的原因，既跟民族学与人类学学科的发展历程有关，也与整个欧亚中心地区在知识形态与学科型构方面与民族学、人类学原生区域的特质不同有关。也就是说，一方面，在中国历史上，中国历代官方正史已经积累起关于整个西域地区的众多记录，这些记载虽然在今天看来显得有些粗略，但如果放到当时的历史中，就可以发现其已经涉及这一区域的众多信息，并且能够在一定程度上构成中文语境下的整体性与连贯性叙述；另一方面，随着近代西方殖民帝国逐步控制中亚地区，这一区域原有的历史知识传统及其呈现方式逐渐被基于比较语言与比较文献研究的东方学所取代，成为这一时期中亚社会及群体研究的基本知识形态。随着俄国革命和之后苏联的成立，中亚地区也逐渐在20世纪二三十年代进行了民族识别和加盟共和国划界，这些基于联盟国家制度的相关配套举措也影响到学术领域，这一区域的东方学研究开始在影响力上让位于后期的民族学研究。20世纪90年代初苏联的解体和中亚各国的独立，为中亚人类学新范式的引入提供了新的田野调查与研究的可能。但是，这种新范式不可能是全然新创的，而必须在某种程度上承认和运用既有的中亚知识资源，并实现与近邻学科间的互惠、协调与合作。

有鉴于此，理解中亚地区曾经有过的古典传统，接续性地发掘与利用历史学、东方学、民族学在中亚领域的既有资源，将为当代中亚人类学研究提供必要而有效的知识资源，也能够有效地弥合这些学科之间的资源竞争与紧张关系。在具体的研究层面，如何处理包括历史学、东方学等在内的中亚研究古典传统与现代民族学、人类学路径的关系，将直接决定以中国为主体和立场的中亚人类学研究的未来走向。基于对区域特殊性与历史积淀性的理解，我们所构筑的基于整体理解的中亚人类学框架与路径，必须与西方研究中的殖民色彩划清界限；但与此同时，又必须汲取既有的东方学、地理学认知中的合理要素，并需要整合既有的历史学、民族学资源，从而形成具有整体性特征的、中国的"中亚人类学+"的研究取径与分析框架。以此为契机，结合古代与近代中国对中亚的已有认知基础，我们将形成当代中国关于中亚的认知新图景。它不同于西方研究的既有框架，也不同于中亚各国的自我认知，而始终带有回应中国议题的内在动力与学术自觉。在未来，配合原创研究，还可以系统筹划并推进具有针对性的"中亚古典学译丛"和"中亚人类学译丛"，这也将为学界进一步推进中亚民族学与人类学研究提供更为坚实厚重的外部基础与参考资源。

附录三　国家感与边疆性：中亚国家间的边界问题及其观念折射

随着近现代国际体系的形成与国家结构的现代化，当代国家的一大特征就是存在明确的疆域及边界。在此背景下，边界问题成为一个国家与周边国家关系中的重要议题，这一问题很大程度上影响着国家间关系的稳定和发展。而在这一过程中，边界本身既成为塑造民族国家自身传统和认同的重要符号，也在很大程度上直接反映了整个国家与外部的区隔性特征，各国进而形成自身边疆观的整体图景。理解边界及其相关的边疆观念，不仅有助于我们理解这些国家及其所在区域在特定时期的边疆特征，[1]而且能够进一步推进我们对于中国周边地区的

1　袁剑、刘玺鸿：《"科学边疆"及其实践：19世纪后期英国围绕印度西北边疆的治理策略与影响》，《世界历史》2018年第6期。

附录三 国家感与边疆性

深入理解和认知。

从现实政治而言,由哈萨克斯坦、乌兹别克斯坦、塔吉克斯坦、土库曼斯坦和塔吉克斯坦五国组成的中亚区域,是当代世界政治版图的重要单元,也是冷战结束之后中国西边出现的新地缘政治板块。这一区域,不论对于欧亚大陆的稳定还是中国的发展,都具有重要的意义。中亚各国在各自国家认知和边疆态势方面所呈现的不同特质及其内部应对方式,从一个侧面展现出各国在自身国家结构及边疆特征方面呈现出的区域特质和历史印迹。在当今域外和周边研究的"边疆"转向中,认识和理解中亚及其内部各国边界问题生成的整体背景、历史演进及相关解决逻辑,将为我们提供认知中亚整体性的更为全面的视角。

需要指出的是,本附录所涉及的中亚国家边界问题,仅指中亚各国之间的边界问题,不包括中亚国家与域外邻国(如俄罗斯、中国)的边界问题。

中亚区域的生态与前近代特质

中亚有其自身的特质,这种特质鲜明地体现在人类文明的历史进程中。其自身的孤立性和联系性并存。理解和认知这一区域本身在近代以来的变迁,将为我们提供认识这一区域当下和未来的基础和可能。

在历史上,除了费尔干纳盆地之外的中亚地区多为游牧民族的活动区域,当地民族群体的划分往往依据其居住地的海拔高度、自然地理区域和经济作物类型来进行,并不具有明确的地域界线。[1]北

---

1 王尚达:《中亚国家之间的边界问题》,《中国世界史研究论坛第五届学术年会论文集》,第916页。

部的草原区域和南部以费尔干纳盆地为核心的绿洲区域有着各自的历史发展轨迹。北部区域由于缺乏足够的水源和人口，在近代之前处于边缘和附属的位置，因此，中亚"南—北结构"中的南部，不管是在政治、经济还是文化方面，都占有压倒性优势。理解这一整体结构，将有助于我们认识近代之前中亚历史的整体走向。

从"继承"的结构到"重塑"的国家

中亚各国当前的边界现状，是苏联在 20 世纪二三十年代民族识别和加盟共和国划界的结果。作为一种"继承"的结构，这一结果使既有的"北部草原 + 南部绿洲"的地域格局转变为苏联区域分类上独特的"哈萨克斯坦 + 中亚四国（乌兹别克斯坦、吉尔吉斯斯坦、土库曼斯坦、塔吉克斯坦）"的加盟共和国格局。如果我们进行历时性观察的话，就会发现，早在 1924 年，当时的苏联政府就开始着手在原俄属中亚地区进行民族识别和加盟共和国划界，这种行为的意识形态色彩非常浓厚，既没有充分考虑当地的地理特点和既有的行政区划状况，也没有对当时部族群体的历史居住格局和文化特征进行严格意义上的分类，而是基于政治治理和全联盟"一盘棋"的经济规划进行识别和划界。在实际操作方面，这一地区原本自然形成的经济区域和民族传统聚居地域被新设立的中亚各加盟共和国边界所切割，这在形塑了当时中亚各加盟共和国并行结构的同时，为当今中亚国家之间的边境争议和冲突埋下了隐患。例如，在 1924 年苏联对加盟共和国划界时，将乌兹别克人聚居较多的锡尔河省卡扎林等几个县划给了后来的哈萨克斯坦，而在 1925~1930 年隶属于哈萨克斯坦的卡拉卡尔帕克自治州在之后又被划给了乌兹别克斯坦。有学者认为，20 世纪二三十年代这些新共和国和地区之间的边界划分争端是在当时新的政治背景下部族与族裔之间敌对行动的延续。[1] 时至今日,这些历史遗留问题依然影响着哈萨克斯坦与乌兹别克斯坦之间的国家关系。值得注意的是,当前中亚国家之间存在的大量飞地现象,实际上也是当年苏联为了平衡中亚各加盟共和国的相关利益,在人口密集、自然条件优良的费尔干纳盆地进行人为划分所造成的后果。在苏联时期,这些边界线作为整体上的内部群体分类和经济分工框架的一部分,实际上是苏联内部行政管理、经济活动等的行政界线,但由于存在更高层级的协调,在苏联统一空间内部并没有造成严重的问题。随着苏联解体和中亚各国的独立,没有了苏联结构下的整体性协调,各国开始以各自国家利益为最高原则,原本被遮盖的边界争议问题逐渐浮出水面。

苏联解体后,中亚各国继承了苏联时期划定的行政结构,继续维持现有边界,共同奉行不破坏边界的原则。这种在苏联政策中基于平等原则塑造的中亚国家"并行"结构,在苏联解体之后成为一种被"继承"的内容,并在随后各国的国家认同建设中成为某种基本共识。1993 年 8 月,独立不久的中亚五国签署声明,进一步确认了维系各国间现有边界的既有原则。在此基础上,中亚各国都迫切想要在短期内解决自身与周边各国的边界争议问题,从而实现国家的稳定和发展。但由于这一问题的历史遗留性、多边性及其在中亚各国自身民族国家建设中所充当的政治动员工具特征,涉及具体的解决层面,显得困难重重。正如有学者所指出的,基于中亚各国特殊的建国背景和相关传统,其公民认同感建立在民族的和领土 – 文明的认同感基础之上(见本书结语)。

---

1 Hirsch, F., Empire of Nations: Colonial Technologies and the Making of the Soviet Union, 1917–1939, Unpublished.

这种认同分野直接体现在费尔干纳盆地内部的中亚国家边界冲突方面。这一面积约为2.2万平方千米、人口超过1000万人的地区是历史上东西方交通要冲，水土丰美，人口稠密，位于乌兹别克斯坦、吉尔吉斯斯坦和塔吉克斯坦三国交界地区，作为苏联时期划界的结果，三国的边界线在这一区域彼此犬牙交错，形成了诸多飞地。由于这一地区生活的主要民族为乌兹别克族、吉尔吉斯族和塔吉克族，彼此在国家利益和群体认同方面有诸多冲突。为了解决这些棘手的边界问题，早在2001年，吉尔吉斯斯坦就和乌兹别克斯坦进行谈判，希望能通过领土交换的方式将一块名为"索赫"的飞地转给乌兹别克斯坦，以换取一块与自己国土相邻的区块，但被乌兹别克斯坦以自身国家安全受到威胁为由回决。此外，对于"沃鲁赫"飞地，吉尔吉斯斯坦从自身国家利益的角度出发，非常渴望能够获得该地区领土主权，而实际控制这一地区的塔吉克斯坦则基于自身维护国家利益的需要，坚决不放弃这一地区。

边界问题近况与新进展

苏联解体之初，由于中亚各国忙于各自国家的机构设置与内部权力关系调整，其边界在最初的几年中依然延续着苏联时代的状态，并没有受到多大的影响；随着时间的推移，中亚各国纷纷在原先的苏联内部行政界线基础上设立新的国家边界和海关哨所，形成新的国际边界格局。但总的来说，这些调整主要涉及国家机关和对外交往，对各国普通民众日常生活的影响较小[1]。

---

1 Nick Megoran, "The Critical Geopolitics of the Uzbekistan-Kyrgyzstan Ferghana Valley Boundary Dispute, 1999-2000," *Political Geography*, Vol. 6, 2004.

但在现实层面，由于同处费尔干纳核心区，且经济形态较为接近，乌兹别克斯坦与吉尔吉斯斯坦之间的边界问题较为突出，双方长期以来对位于费尔干纳的领土的争端一直影响着两国关系的正常化，一些边界上的突发事件甚至直接导致两国关系恶化。从1998年下半年起，乌兹别克斯坦开始加强对边境的控制，严格限制人员和物资的跨境流动。最引人注目的是，乌兹别克斯坦开始沿着山谷边界的大片区域，在两米高的带刺铁丝网周围筑起围墙，并在其他地方开矿。这导致吉尔吉斯斯坦国内普遍指责乌兹别克斯坦实际上是在隔离数万公顷的吉尔吉斯斯坦土地。与此同时，两国之间关于自然资源分配的争论也愈演愈烈。吉尔吉斯斯坦的天然气供应依赖乌兹别克斯坦，在冬季的数月里，乌兹别克斯坦政府经常关闭天然气供应。由于相对贫困的吉尔吉斯斯坦政府无力支付天然气账单，乌兹别克斯坦政府对此甚为不满。在吉尔吉斯斯坦，许多人认为这是不公平的，因为乌兹别克斯坦并没有在财政上帮助维护吉尔吉斯斯坦境内的水坝和水库，而这些水坝和水库主要是为费尔干纳河谷的乌兹别克斯坦棉花核心产区提供水源。因此，两国的边界争端在1999年和2000年成为影响双边关系的关键因素。当时的一些评论者将其描述为一场"低烈度的边境战争"。[1] 十多年之后，两国间的这一问题依然不时发酵。例如，2016年3月18日，乌兹别克斯坦向吉尔吉斯斯坦提出，准备向双方争议地区派遣施工队进行维修作业，但随即遭到吉尔吉斯斯坦的拒绝；随后，约40名乌兹别克斯坦士兵在装甲车的护卫下，分批进入两国存在争议的阿拉布卡地区，并在当地采取限制性措施，禁止吉尔吉斯斯坦公民入境。吉尔吉斯

1　E. McGlinchey, Powerless in Kyrgyzstan，RFE/RL Newsline 13-07-2000, Radio Free Europe/ Radio Liberty, Prague，2000.

斯坦方面随即做出回应，同样在这一地区进行兵力部署，在三处边境检查站对乌兹别克斯坦公民采取限制措施，并要求乌兹别克斯坦方面将军事人员和物资撤出。乌方则表示，这一争议地区属于乌兹别克斯坦，其没有理由从自己的国土上撤出。双方关系一度剑拔弩张。作为相对弱势一方，时任吉尔吉斯斯坦总统的阿坦巴耶夫甚至考虑取消前往乌兹别克斯坦首都塔什干参加上合组织峰会的计划。到了2016年夏天，双方的边境危机再次升级。同样是在费尔干纳地区，吉尔吉斯斯坦和塔吉克斯坦在2014年也在双方争议地区多次发生边境交火事件，在事件的僵持阶段，为扭转局势，塔吉克斯坦方面甚至还一度动用重武器。这次边境冲突最终导致数十人受伤，受此影响，两国边界完全关闭达数月之久，双方正常贸易和人员往来受到严重影响。

　　随着中亚各国逐渐意识到和平稳定关系的重要性，各国在边界问题上逐渐开始寻求协商共赢的解决方案。2017年3月10~19日，乌兹别克斯坦和吉尔吉斯斯坦两国政府工作组在双方交界区域继续开展联合勘察。这次勘察活动为第17次联合行动，持续10天，在这一过程中，双方共同巡视了彼此间存在重大争议的乌兹别克斯坦费尔干纳州、安集延州、纳曼干州，以及吉尔吉斯斯坦奥什州、巴特肯州、贾拉拉巴德州之间的12处区块，并进行了相关的实地测绘和踏查工作。此外，双方还进行了4次工作磋商，最终签署了相关的成果性纪要。[1] 5月25日，吉尔吉斯斯坦副总理热尼什·拉扎科夫宣布，随着吉尔吉斯斯坦与乌兹别克斯坦跨政府委员会开始有效工作，两国现有的1379千米边界争议线，通过谈判协商的方式，已

---

1 《乌兹别克斯坦和吉尔吉斯斯坦两国加快联合边界勘察进程》，http://www.ite-china.com.cn/lian-he-bian-jie/，访问日期：2018年11月19日。

有 1054 千米在划定问题上双方达成一致意见；在吉尔吉斯斯坦与塔吉克斯坦现存的争议边境线 970 千米当中，同样有 510 千米的划定已经达成一致。同年 7 月 16 日，乌兹别克斯坦总理阿里波夫对吉尔吉斯斯坦进行工作访问，这是两国间 8 年来的首次政府高层间交往，旨在进一步破除双方关系中历史性的冰点，解决诸如边界划定等争议性问题。出访当天，乌兹别克斯坦总理阿里波夫和吉尔吉斯斯坦总理热恩别科夫共同出席了乌吉两国政府间双边合作委员会及乌吉两国政府间勘界、划界合作委员会会议。通过双边协商，乌兹别克斯坦和吉尔吉斯斯坦就消除贸易壁垒、继续加强两国经贸合作，以及两国边境勘界初步协议草案达成了共识。9 月 5 日，新任乌兹别克斯坦总统米尔济约耶夫访问吉尔吉斯斯坦，同吉国时任总统阿坦巴耶夫就边界问题签署双边协议。至此，吉乌两国 1379 千米的边界线中有超过 80% 的部分得以勘定，仍余 217 千米的边界线有待最终确定。同年 12 月 25 日，出访哈萨克斯坦的吉尔吉斯斯坦总统热恩别科夫与哈萨克斯坦总统纳扎尔巴耶夫在阿斯塔纳签署《哈吉边界划分条约》，以条约的方式确定两国边界线的最终走向及相关细节。根据条约规定，哈吉两国边界线总长为 1257.07 千米，在边界线附近，双方共设置边防哨所 1055 个，其中哈萨克斯坦方面 533 个，吉尔吉斯斯坦方面 522 个。

截至 2017 年，塔吉克斯坦与乌兹别克斯坦之间尚有 250 多千米长的边界线未勘定，在关于撒马尔罕和布哈拉归属问题上也存在深层次矛盾。塔吉克斯坦与吉尔吉斯斯坦两国之间则存在 60 多处争议地区。吉尔吉斯斯坦和乌兹别克斯坦尚有近 1/5 的边境地区未得到明确的划分，尤以关于奥什州的归属最为关键。哈萨克斯坦和吉尔吉斯斯坦、乌兹别克斯坦、土库曼斯坦的边界问题则基本解决。除此之外，中亚各国之间，尤其是在费尔干纳盆地地区，还存在着更为棘手的飞地问题。目前，乌兹别克斯坦有 4 块位于吉尔吉斯斯坦境内的飞地（索赫、卡拉恰、莎希马尔丹、庄贾尔）；塔吉克斯坦有 2 块位于吉尔吉斯斯坦境内的飞地（沃鲁赫、西凯拉哈奇）；塔吉克斯坦在乌兹别克斯坦境内则有一块飞地（萨万）；吉尔吉斯斯坦在乌兹别克斯坦境内也有一块飞地（巴拉克），其面积为 230 公顷，是中亚最大的飞地之一。总体来说，在这一地区，各国边疆治理中"你中有我，我中有你"的复杂局面依然存在。

2018 年，中亚国家的边界问题总体而言有所缓解。一方面，相关国家开始通过协商互换的方式，寻求作为边界问题一部分的"飞地问题"的解决，尤其是乌兹别克斯坦新总统米尔济约耶夫上台后，积极推进边界问题的解决。例如，塔吉克斯坦总统拉赫蒙于 3 月 9 日在首都杜尚别与来访的乌兹别克斯坦总统米尔济约耶夫举行会谈，双方签署了关于塔乌两国部分边界地段的条约以及塔乌两国关于睦邻友好的联合声明，为彻底解决两国间的边界问题提供了契机和可能。据俄罗斯国际文传电讯社报道，2018 年 8 月 14 日，吉尔吉斯斯坦－乌兹别克斯坦边界委员会成员、吉尔吉斯斯坦政府驻奥什州第一副全权代表巴依什·尤苏波夫表示，吉乌两国已经就双方边界划定和划界完成相关例行谈判工作，双方决定互换边境附近的土地。具体而言，吉尔吉斯斯坦准备将飞地巴拉克移交给乌兹别克斯坦，而作为交换，乌方将把靠近奥什州卡拉苏地区的阿克－塔什村中与巴拉克等面积的土地转交给吉方。据相关报道，巴拉克的居民已同意这一方案。多年来巴拉克居民在过境问题上深感不便，他们要绕行近 600 千米才能前往吉尔吉斯斯坦其他地方。据吉尔吉斯斯坦媒体报道，居住在巴拉克地区的人几乎都是吉尔吉斯人，而由于过境问题的困扰，吉尔吉斯斯坦政府数年前提议将该地区居民迁出，受此影响，当地人口锐减。目前，所有相关议定书都已起草好，只等两国总统批准后付诸实施。对此，俄罗斯《独立报》的评论指出，在苏联解体之后，中亚地区存在着为数不少的飞地，吉乌两国间的这一尝试若能成功实现，不仅将全面改善吉乌两国双边关系，而且将为中亚其他国家处理相关问题提供必要的经验和现实操作方案。同年11月5日，哈萨克斯坦总统纳扎尔巴耶夫签署批准了关于哈萨克斯坦、土库曼斯坦、乌兹别克斯坦和吉尔吉斯斯坦之间的边境协议。[1]

但是，由于中亚各国之间边界问题的高度敏感性，各国间依然存在爆发冲突的可能。例如，2018年2月8日，与吉尔吉斯斯坦长期存在领土争议的塔吉克斯坦突然单方面宣布，从即日起临时关闭与吉尔吉斯斯坦接壤的两处口岸，并封锁了附近的一座浮桥，禁止人员通行，同时决定向当地增派边防军人。据吉尔吉斯斯坦方面的消息称，塔吉克斯坦方面的这次行动，导火索是吉方在双方边界争议地区修建浮桥，而这一区域尚未进行明确的勘界。据悉，此次被塔吉克斯坦方面封锁的浮桥由吉尔吉斯斯坦巴特肯州地方政府主持修建，其主要目的在于缩短当地学生的上学路程。[2] 在整个2018年，塔吉克斯坦与吉尔吉斯斯坦边界爆发数起冲突，而吉尔吉斯斯坦与乌兹别克斯坦之间也有数起边境冲突。这些事件的发生，表明边界问题依然是影响中亚国家间关系的一大重要因素。

国家感与边疆性：中亚国家边界问题的未来走向

在苏联解体后的数十年间，中亚各国依然在努力构筑自身国

---

[1]《哈总统批准哈土乌三国边界交界处协议和哈吉边境划分协议》，http://www.siluxgc.com/kz/kzNews/20181106/15591.html，访问日期：2018年11月17日。
[2] 高寒：《塔吉边境事件再现中亚边界之怪象》，《文汇报》2018年2月9日。

家的历史和政治合法性，并在国内和国际范围内确立更为具体的民族国家认同基础，正是这种基础形塑了国家感的主要内涵。具体而言，这种国家感有助于中亚各国内部认同的凝聚和整体对外身份的生成，其过程既是建立在对苏联时代既有疆域空间及边界走向的认同基础之上，又必须抛却苏联时代的加盟共和国历史叙述，建立起新的更具古老性和连续性的叙述框架。但在这一目标之下，有一个方面必须进行历史与现实层面的妥协，那就是各国自身所试图追寻的帝国荣耀及其历史记忆，与这些国家在苏联时期的划界现实始终存在着某种错位。在具体的边疆治理层面，中亚地区这些历史上的荣耀帝国与现实中的各国国家疆域无法形成一一衔接的关联，诸如帖木儿汗国这样的"独占的"与"切割的"国史叙述及其帝国想象无法在中亚各国之间的相互关系中得到彻底贯彻。正是这种理想叙述与现实疆域之间的差异，形成了当今中亚各国的边疆性特征，即各国都无法彻底在现实层面真正塑造一个具有整体连贯历史与单一族类空间的国家空间，中亚各国在边疆上的历史和群体复杂性，塑造着其显著的边疆特质。在未来的很长一段时间内，"共享历史"和"交错历史"都将是中亚各国历史版图与现实疆域之间关系的基本态势。总体而言，这种国家感与边疆性，构成了我们理解和认识中亚国家划界问题生成和解决的两大关键。

历史终在行进，在未来，中亚各国的民族国家建构依然任重道远，需要经历一个漫长的过程。由于中亚各国构筑其国家公民认同感的基础不同，各国推进各自国家建设的进程、力度及方式也就各有差异。总体而言，中亚国家的边界问题在未来的一段时间内将继续存在，并呈现出如下的特征。

其一，中亚各国在苏联解体后获取新的认同感的过程与各国国家制度化建设相伴而行。由于各国认同空间与国家行政空间存在不重合之处，在可见的将来依然还会导致各国在边界与领土方面的冲突，并在中亚各国历史叙述层面形成相互竞争的局面。但总体而言，这些冲突和竞争不足以摧毁当下中亚各国间的既有边界格局，也不会从总体上影响中亚地区的稳定。随着中亚各国认同空间与国家行政空间的逐步整合，以及未来新的跨国经济合作的展开，这种冲突的烈度和频度将会降低，最终形成相对稳定、有序的中亚国家间合作交往格局。

其二，由于费尔干纳地区既有作为农耕区的地理条件，又存在长期以来形成的文明中心城市（如撒马尔罕、布哈拉等），其将继续成为中亚各国尤其是乌兹别克斯坦、吉尔吉斯斯坦和塔吉克斯坦边界纠纷的重点区域。关于费尔干纳地区的文化遗产及其当代阐释的独占性和共享性，也是摆在这一区域各国面前的一道难题。此外，因为涉及具体的历史认同问题，中亚地区存在的飞地状况在短期内也无法得到解决。而随着各国经济发展和人口的增长，水资源等问题作为费尔干纳周边各国边界问题的衍生问题，也将日渐凸显。如何协调和处理这一问题，将考验中亚南部诸国政治决策层的智慧。

其三，"三股势力"的跨界传播以及其他非传统安全等问题正逐渐成为导致中亚国家边界冲突的新因素。如何在保证本国国家安全的前提下，不以邻为壑，从而从整体上保障中亚各国的安全和稳定，将成为未来考验中亚各国领导层政治智慧的关键所在。为更好地认识和理解中亚整体性的安全空间其及南部边界安全问题，有效防止"三股势力"对中亚南部边界安全的挑战，在上海合作组织的框架内，加强与中国、俄罗斯等成员国的合作，将是中亚各国达到上述目标的重要途径。

后　记

本书的写作，缘于笔者在认知层面的关联性变化，以及在这一变化过程中对区域问题的重新思考。

人是生活在区域中的。在进行了数年关于拉铁摩尔及其相关议题的研究之后，如何更好地理解时代语境下的区域问题，成为笔者在充分理解"人的问题"的基础上，更为深入地思考和认识人-地关系的重要切入点。作为中国与外部世界的重要连接区域，中亚在历史和当下都对中国本身具有极为重要的世界历史与地缘政治意义，因此，如何理解中亚并认识其在整个文明认知层面对中国所产生的影响，就成为我们理解具有整体性的中国的关键所在。

中亚之所以影响世界历史，在于它本身处于欧亚大陆的中心位置，并在东西方历史文明交往中扮演关键性的中介角色；中亚之所以影响地缘政治，在于它是欧亚陆权的关键区域，其贯通与否直接关系欧亚陆权能否获得超越海权的稳定与优势；而中亚之所以影响中国，则不仅在于其与中国的地缘关联，更在于其在文明、生态、宗教和民族等相关方面与中国存在的历史与现实连接。这种互嵌交织的独特关系既影响了中国古代史，又深刻塑造了近现代中国西北边疆的形态及特征，从而对作为整体的中国本身产生新的价值与意义。因此，理解中亚及我们对其的认知变迁，将是从整体上理解中国的应有之义。

本书各章的相关内容，大部分已经在学术期刊或报纸上发表过，在收入本书时，笔者在行文论述方面做了必要的补充与调整。其中尤其需要说明的是，本书专论乌兹别克斯坦的相关内容，最初的论文由笔者与刘玺鸿同学共同完成，在收入本书时做了专门的修订与补充。

本书的顺利面世，离不开我所在单位——中央民族大学民族学与社会学学院诸位师友的大力帮助，也要感谢北京大学人文社会科学研究院及诸位同人在笔者2019年春季访学期间所给予的学术交流契机与空间，这些支持与交流为进一步推进我对本书议题的思考提供了必要的思想资源。特别感谢杨圣敏教授百忙之中为本书写序，提携后学，润物耕心。此外，还要感谢社会科学文献出版社历史学分社郑庆寰社长以及本书责任编辑陈肖寒博士给予的支持与帮助，他们的专业素养与高效有力推进了本书的出版。最后，还要感谢我的家人长期以来对我的物质与精神支持，为了支撑我这一不怎么有直接回报的知识追求，他们牺牲了很多，也付出了很多。

人生之路，总要行走。理解中亚，认识中国。

2020年5月30日于北大万柳公寓

图书在版编目(CIP)数据

寻找"世界岛":近代中国中亚认知的生成与流变/袁剑著.--北京:社会科学文献出版社,2020.9
(九色鹿)
ISBN 978-7-5201-7310-0

Ⅰ.①寻… Ⅱ.①袁… Ⅲ.①中外关系-国际关系史-研究-东亚-近代 Ⅳ.①D829.36

中国版本图书馆CIP数据核字(2020)第175771号

·九色鹿·
寻找"世界岛":近代中国中亚认知的生成与流变

著　者 / 袁　剑

出版人 / 谢寿光
责任编辑 / 陈肖寒

出　　版 / 社会科学文献出版社·历史学分社(010)59367256
　　　　　地址:北京市北三环中路甲29号院华龙大厦　邮编:100029
　　　　　网址:www.ssap.com.cn
发　　行 / 市场营销中心(010)59367081　59367083
印　　装 / 北京盛通印刷股份有限公司

规　　格 / 开　本:787mm×1092mm 1/16
　　　　　印　张:13.25　字　数:166千字
版　　次 / 2020年9月第1版　2020年9月第1次印刷
书　　号 / ISBN 978-7-5201-7310-0
定　　价 / 78.80元

本书如有印装质量问题,请与读者服务中心(010-59367028)联系

▲ 版权所有 翻印必究